I wanna live
I wanna give
I‘ve been a miner for a heart of gold
it‘s these expressions I never give
that keeps me searchin‘ for a heart of gold
and I‘m gettin‘ old.

~ Neil Young, Heart of gold

ZECHENKINDER

25 GESCHICHTEN ÜBER DAS SCHWARZE HERZ DES RUHRGEBIETS

AUTOR: DAVID SCHRAVEN · FOTOGRAF: UWE WEBER

INHALTS VERZEICHNIS

AUS DEM LAND DER TAUSEND FEUER

Ich komme aus Bottrop. Ein Ururgroßvater von mir ist aus Brabant hierhin gekommen, vor gut 150 Jahren. Er suchte im Bergbau sein Glück. Damals, als alles begann. Schacht um Schacht wurde hier in die Kohlefelder hinabgetrieben. Die Holländer kamen zuerst, dann die Polen und Türken und Italiener und Portugiesen. Die Arbeit auf den Zechen zog Arbeiter an. Siedlungen wurden gebaut. Häuser für die Männer, Frauen und Kinder. Immer mehr. Alle wollten Kohle machen, je mehr, desto besser.

Das Land veränderte sein Gesicht. Kohle wurde Koks, wurde Stahl. Fördertürme, Kokerei und Hochöfen. Die Nacht brannte flammenhell von tausend Feuern. Ich habe sie noch gesehen, diese gelb flackernde Dunkelheit. Die Häuser wurden grau und schwarz. Sie zerfielen, wurden abgerissen, neu gebaut. Nur selten blieb Altes bestehen. Das Neue begrub die Reste des Gestern unter sich. Mein erster Morgen im Smog war düster und dunkel, und es stank nach faulen Eiern. Ich ging über leere Straßen, ein Tuch vor dem Gesicht. Damals gab es Grobstaub in der Stadt.

Der Bergbau fraß sich Jahr um Jahr von den ersten Gruben im Bottroper Süden weiter nach Norden. Der Schacht Prosper III folgte auf Prosper II folgte auf Prosper I. Jacobi wurde abgeteuft[1] bis schließlich in den fünfziger Jahren Franz Haniel die Förderung aufnahm. Danach kamen noch Prosper IV und im Jahr 1981 Schacht 10.

[1] *Abteufen:* *einen Schacht in die Tiefe treiben.*

Ich wohne im Norden von Bottrop, in der Nähe der Zeche Franz Haniel. Die Gruben und Siedlungen im Süden der Stadt waren für uns Kinder im Norden weit weg: Die Zechenhäuser aus der Zeit vor dem Krieg, diese jahrzehntealten und dreckigen Backsteinfassaden gab es bei uns nicht. Im Norden traf der Bergbau auf eine fast noch unberührte Landschaft. Ich kann mich an eine Zeit erinnern, in den achtziger Jahren, da führte ein Waldweg hinter unserem Haus an Franz Haniel vorbei zum Gutshof Fernewald. Eine Landschaft wie aus einem Traum: weite Getreidefelder umstanden von hohen Pappeln, staubige Alleen, durchtrennt von wilden Hecken, Büschen und Birken. Schwalben jagten an heißen Sommertagen durch die Luft. Bussarde zogen Kreise, Heuschrecken zirpten, im Schatten spielten die Schmetterlinge. Auf einem alten Schutzbunker lagen wir und sahen in den Himmel, Strohhalme im Mund. Wir waren frei.

Doch nur drei Steinwürfe entfernt kam die Zukunft näher: unaufhaltsam, lärmend und grau. Die Zeche fraß sich jenseits des Waldweges weiter vor, schluckte die Landschaft, Feld um Feld, und mit ihr die Landschaft meiner Kindheit. Ich kann mich erinnern, als eines Nachts der Gutshof Fernewald lichterloh brannte, in seinen Mauern schrien die Rinder. Die Ruinen des Bauernhauses und der Ställe wurden später von einer Halde aus Abraum begraben, dem Schutt, der mit der Kohle ans Licht kommt. Die Getreidefelder verschwanden unter grauem Gestein.

Ich wohne bis heute in Bottrop.

Bottrop ist eine Zechenstadt. Alles hier ist vom Leben rund um die Gruben gezeichnet. Das Haus meiner Eltern wurde im Krieg wie die Häuser vieler Anderer zerschlagen, weil die Alliierten die Gruben in unserer Gegend und deren Arbeiter vernichten wollten, um den Krieg gegen die Nazis zu beenden. Tausende Bomben gingen daneben und haben das Gesicht unserer Landschaft mit Narben übersät. Im Garten unseres Hauses hat mein Großvater die Trümmer nach den Kämpfen verscharrt. Ich habe als Kind in Kratern gespielt und meine Kinder fangen noch heute in manchem Kratertümpel Molche.

Meine Oma arbeitete am Ende des Krieges auf einer Bottroper Zeche. Sie war dankbar für die Extrarationen, die es dort gab, und nach dem Sieg der Freiheit war sie dankbar für die Care-Pakete der Amerikaner. Sie war dankbar für jede einzelne Kilokalorie, die ihr geschenkt wurde. Ihr Vater war auch ein Zechenmann. Doch der hat von seinen Extrarationen in den harten Jahren nichts abgegeben. Seine Kalorien lagerten in seiner Truhe, sicher verschlossen von einer Kette samt Schloss, damit seine Kinder nicht sein Brot aßen. Nicht immer stimmt das Bild von den Bergleuten als solidarische Einheit, die gemeinsam leben und arbeiten. Auch das ist die Wahrheit. Manchmal fand Solidarität ihr Ende zwischen den Generationen einer Familie.

Bottrop ist eine Grubenstadt. Die Gemeinde von 120.000 Menschen lebte und lebt von den Schächten, von der Kokerei, von den Ausbildungsplätzen, von den Zulieferungen, von den Männern und Frauen, die unter Tage ihr Geld verdienen und es in Bottrop ausgeben. Doch wie die Zechen verändert sich auch Bottrop. Alle Gruben der Stadt – Jacobi, Franz Haniel, die vielen Prosper-Schächte und Arenberg-Fortsetzungen – wurden irgendwann zusammengelegt in eine einzige Zeche unter Kontrolle der Ruhrkohle AG: Prosper-Haniel. Das Zechensterben erreichte Bottrop. Männer wurden nach Hause geschickt. Stattdessen kommen die Bergleute nun aus dem ganzen Ruhrgebiet, aus dem Saarland. In der Bottroper Innenstadt stehen Läden leer, es gibt kein Kino, kein Theater mehr. Firmen machen dicht. Die Zeche frisst sich noch immer weiter nach Norden vor. Die Halden werden höher und länger. Doch alles ist endlich.

Ich lebe in Bottrop. Jeden Morgen sehe ich auf den Förderturm. Als ich Kind war, waren die Häuser in meiner Stadt steingrau und kohleschwarz. Mehr Farben gab es nicht. Erst heute bleiben die weißen und blauen und gelben Anstriche auch nach Jahren weiß und blau und gelb. Es gibt keine tausend Feuer mehr in der Nacht, die den Himmel erleuchten. Von meinem Haus aus sehe ich die letzten beiden Fackeln in unserer Gegend. Ihr Glanz trägt nicht weit.

Ich wollte ein Buch machen über die Menschen, deren Leben mit der Bottroper Zeche verknüpft ist. Ich wollte ihre Wege beschreiben, die irgendwann einmal durch die Bottroper Gruben führten. Lebenswege, die miteinander verknüpft sind und doch nichts miteinander zu tun haben, die so unterschiedlich sind, wie das Leben nur sein kann, und doch einen Punkt haben, an dem sie sich alle berühren: die Bottroper Gruben. Hier waren die Männer Kumpel, um sich danach zu verstreuen: Sie gingen in die kolumbianischen Anden. Sie trommelten in Hardrock-Bands. Sie schaufelten in China um die Wette. Sie löschten in Indien Brände und kämpften in Australien um olympisches Gold.

Als ich das erste Mal unter Tage war, überzog der Kohlestaub nach wenigen Minuten meine Haut wie ein schwarzes Tuch. In den Augen brannte der Dreck und Schweiß floss meinen Nacken hinab.

Die Bottroper Gruben werden die letzten sein, auf denen in Deutschland nach Kohle gegraben wird. Ich wollte ein Bild von den Zechenkindern zeichnen: offen, ehrlich und ungeschönt. Ich wollte die Kameradschaft zeigen, aber auch den Neid. Ich wollte die Hoffnungen zeigen, aber auch das Leid. Ich wollte das Weiße zeigen und das Schwarze und die Grautöne dazwischen.

Die letzte Bottroper Zeche wird 2018 abgeworfen.

Das Leben der Bergleute bleibt.

David Schraven, geboren 1970, gründete 1987 seinen ersten Verlag und arbeitete als Journalist für die taz, die Süddeutsche Zeitung und die Welt. Er leitet das Ressort Recherche der Funke-Mediengruppe in Essen. Schraven lebt mit seiner Frau und zwei Söhnen in Sichtweite der Zeche Prosper-Haniel in Bottrop.

UNTER KUMPELN

EINE FOTO-REPORTAGE VON UWE WEBER

RAG

Signaltafel für Grubenwehr
1 Schlag - Halt
2 Schläge - Vorwärts
3 Schläge - Zurück (Wir müssen zurück!)
5 Schläge - Ist alles Wohl (Alles Wohl)
2x2 Schläge - Notsignal

Feld 5

Uwe Weber, geboren 1960, begann seine Fotografenlaufbahn als freier Mitarbeiter von Musik-Magazinen. Seit 2001 arbeitet er als freier Fotograf in Düsseldorf. Seine Fotos erscheinen in internationalen Zeitschriften und Magazinen. Weber gewann den renommierten World Press Award für seine Aufnahmen der Love-Parade-Katastrophe. Er wohnt in Duisburg-Ruhrort.

Bilder

S.15 – Gespräche unter Kumpels in 1280 Meter Tiefe

S.16 – Auf dem Weg nach unten im Förderkorb

S.17 – Kohlenmischanlage

S.18 – Bahnverkehr unter Tage.
Die Bahn bringt die Kumpels zu ihren Revieren teilweise Fahrtzeiten von fünfundvierzig Minuten

S.20 – Kaue

ES BRENNT!

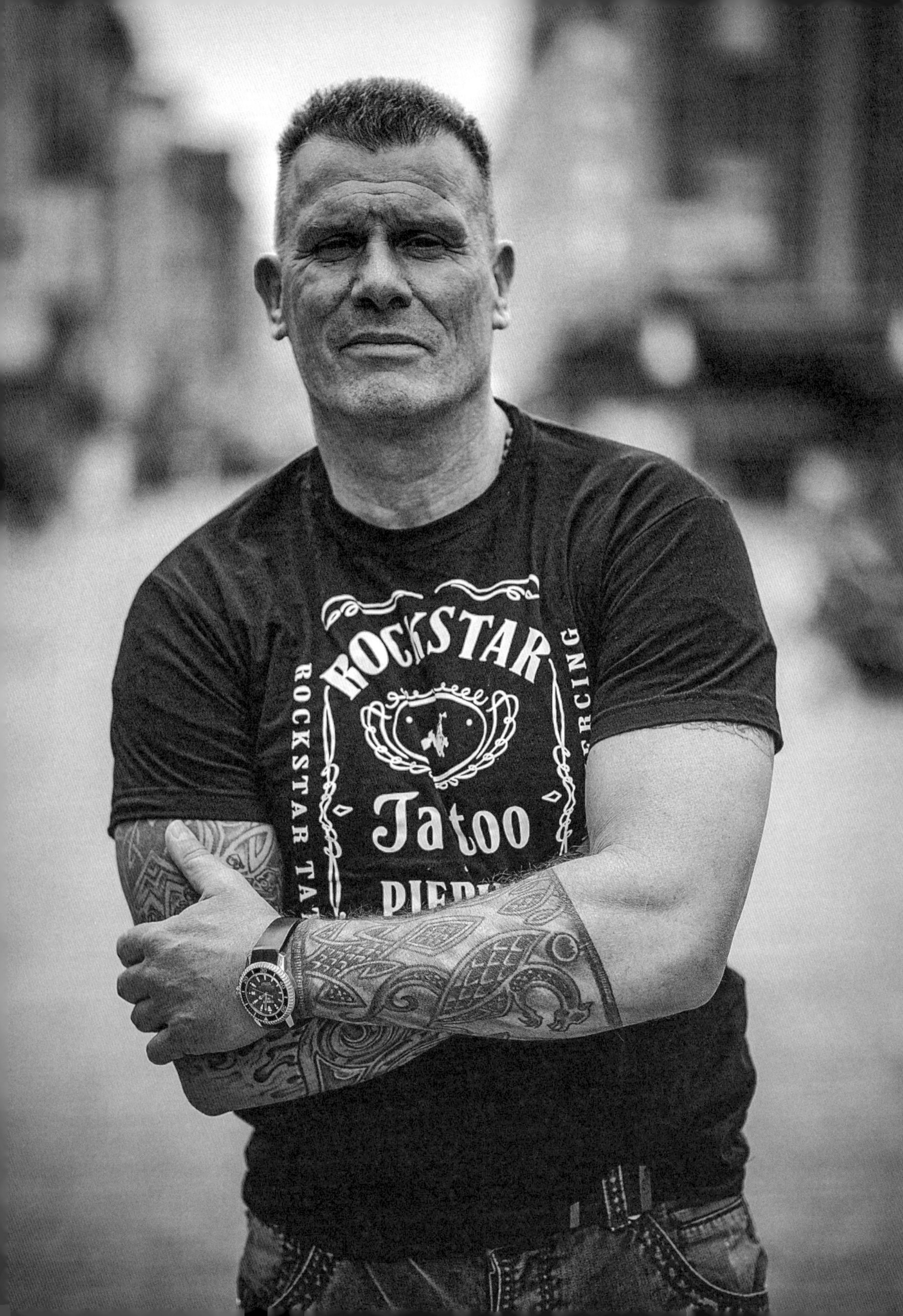
ROCKSTAR
Tatoo

Lutz Backhaus schlendert durch eine Einkaufsstraße, als das Chaos ausbricht: Schreie, Chaos, ein Amokläufer! Nur einer behält die Nerven: der Aufsichtshauer von Zeche Osterfeld.

Das große Schwitzen begann schon kurz nach meiner Lehre. Ich habe immer dort gearbeitet, wo es heiß ist. Vierzehnhundert Meter tief in der Erde, unterhalb der siebten Sohle[2]. Wir holen die letzte Kohle aus dem Berg, aus diesem heißen Loch. Es hat dort unten mehr als 30 Grad, das hältst du nur in Unterhose aus.

[2] **Sohle:** *Stockwerk in der Zeche. Die einzelnen Sohlen können einen Abstand bis zu vierhundert Meter unter Tage haben.*

Schon in meiner ersten Woche als Revier-Elektriker war ich auf mich allein gestellt. Anfangs kapierte ich überhaupt nicht, wie die Dinge laufen. Kohleabbau, das heißt jederzeit Action, Hektik, Spannung. Wenn es nicht schnell genug ging, bekam man auch mal eine Aufmunterung mit dem Hackenstiel. Früher war das so. Es ging ja auch um Geld: Wer viel Kohle macht, bekommt richtig was. Wenn also eine Kohlewand in Sicht kam, sind die Männer durchgedreht. Dann musste alles glatt laufen. Als ich zu meiner ersten Störung gerufen wurde, rannte ich mit meiner Werkzeugtasche durch den heißen, dreckigen Streb. Und als ich ankam, hatte ich mein komplettes Werkzeug unterwegs verloren, so aufgeregt war ich.

„Jung, bleib ma' ruhig", sagte der Steiger[3] zu mir.

[3] **Steiger:** *Vergleichbar mit einem Meister in einem Industriebetrieb. Meister leiten die Arbeiten unter Tage.*

Und hat mir erklärt, was ich tun muss. Mehr als zwanzig Jahre sind seither vergangen. Den Job mache ich immer noch, doch die Zeiten haben sich geändert

Früher lebten in unserer Siedlung nur Leute aus dem Pütt. Mein Vater war aus Ostfriesland ins Ruhrgebiet gekommen, zu einer Zeit, als man hier noch um Arbeitskräfte warb. In Ostfriesland blieben ihm nur zwei Alternativen: Krabbenfischer oder Postbote. Also wurde mein Vater Bergmann. Meine Mutter stammte aus Dresden und lernte Vater in einem Mülheimer Tanzlokal kennen. Ich wurde 1964 geboren. 1980 fing ich auf Schacht Sterkrade, auf Vaters Zeche Osterfeld, eine Ausbildung zum Elektroinstallateur an.

Mein Vater starb im Alter von 73 Jahren, wobei sterben nicht der richtige Ausdruck ist. Mein Vater verreckte an der Staublunge. Die Sauerstoffgeräte, die er zum Überleben brauchte, wurden von Jahr zu Jahr größer. Zum Schluss war das Ding so riesig, dass er gar nicht mehr aufstehen und umhergehen konnte. Von ihm habe ich manches mitbekommen: Ich mache mich gerade, auch für andere. Bei dem kleinen Gehalt, das wir Bergleute bekommen, verdienen sich viele Kumpel nach der Schicht noch etwas dazu. Ich selbst arbeitete jahrelang als Türsteher und im Personenschutz. An der Tür war Eingreifen mein Job, aber auch im Alltag könnte ich nie tatenlos zusehen. Ich habe mal einen Opa, der im Supermarkt kollabiert war, zurück ins Leben geholt. Dank meiner Ausbildung für alle möglichen Notfälle unter Tage kann ich so etwas. Ich mische mich aber auch ein, wenn ich zum Beispiel im Bus beobachte, dass jemand seine Frau fertigmacht. Als ich das letzte Mal richtig eingriff, nannte mich die Zeitung „Held von Sterkrade“, und das kam so.

Anfang 2012, mitten auf der Hauptgeschäftsstraße von Oberhausen: Ich schlendere gerade mit meiner Freundin aus einem Laden, in dem man Geschenke vom Buddha bis zur ägyptischen Puppe kaufen kann. Vor uns bewegt sich ein Mann auf einen älteren Herren zu. Er packt den Senior, zieht ein Messer und rammt es ihm mit voller Wucht in den Rücken. Eiskalt, ohne jede Hemmung. Das war völlig unwirklich. Mit so etwas rechnet man nicht, wenn man aus einem Laden voller Buddhas kommt.

Panik bricht aus: Schreie, Kreischen, mittendrin der Typ mit dem Messer, der brüllt: „Ich bin des Teufels Rache! Ich töte euch alle!“

Der Kerl wirkt, als sei er voll auf Droge. Meine Freundin setzt schnell einen Notruf über Handy ab, aber eines ist klar: Wir können nicht warten, bis die Polizei eintrifft.

„Alle weg hier, Amokläufer!“, rufe ich.

Der Typ wird sein Messer nicht freiwillig weglegen und sich mit ein paar Blumen entschuldigen. Ich muss etwas tun.

Für Kampfsport habe ich ein Faible. Am Anfang war Boxen mein Ding. Ein paar Kumpel und ich unterhielten jahrelang einen eigenen Boxverein, abends im Keller. Als Türsteher lernt man dann, dass einen die Regeln aus dem Ring auf der Straße teuer zu stehen kommen können. Es gelten andere Gesetze und man braucht andere Methoden. Bruce Lee hat mich immer begeistert. Durch ihn bin ich zu Wing Tsun gekommen. Das wird hier auch oft als Kung-Fu bezeichnet. Diese Kampftechnik ist unheimlich effektiv: Beim Wing Tsun nutzt du die Kraft des Gegners, fängst mit einem Hebel an und kriegst die Leute kontrolliert. Als ich Mitte zwanzig war, hat hier in der Gegend die erste Wing-Tsun-Schule aufgemacht. Heute, nach mehreren Schulen, die ich betreute, bin ich ein so genannter „Sifu“, ein Lehrervater.

Der Kampfsport brachte mir nicht nur einen Nebenerwerb, sondern sorgte dafür, dass ich rumkam: 1996 begleitete ich den legendären Skandalkampf von Dariusz Michalczewski gegen Graciano „Rocky" Rocchigiani am Hamburger Millerntor als Leibwächter. Auf der Zeche war was los, als mich die Kumpel im Fernsehen sahen! Ab und an dachte ich drüber nach, ganz umzusatteln, doch ich entschied mich dagegen. Ich bin gerne unter Tage, bin auch nie abgehoben, egal, was die Kumpel gesagt haben. Den Job als Türsteher gab ich Ende der 1990er dran und wurde stattdessen unter Tage immer aktiver. Ich schuftete mich zum Aufsichtshauer hoch. Ich trage Verantwortung für vier Leute, packe aber auch selbst mit an. Das gefällt mir. Angesichts der Maloche blieb keine Zeit mehr, jedes Wochenende von Freitag bis Sonntag nonstop Läden wie das Oberhausener „Old Daddy" oder das „Blue Moon" sauber zu halten – und gleich zu Wochenanfang wieder die nächste Schicht im Pütt anzutreten.

Ich habe in meinem Leben einige gefährliche Situationen entschärft. Vor den Clubs und Diskotheken ging es zwar nicht so heftig zu wie heute, wo schnell Waffen im Spiel sind, aber es ist auch damals schon vorgekommen, dass einer ein Messer zog. Dann muss man sofort und intuitiv reagieren. In Duisburg erlebte ich mal eine Schießerei. Es ging so schnell, dass wir Türsteher es gar nicht richtig mitbekamen. Einmal setzte ich einen Dealer vor die Tür, der in unserem Laden Drogen verkaufte. Na ja, weil der wohl ganz gut verdient hat, ist er böse geworden und kam mit Verstärkung zurück. Es gab dann mehrere blaue Nasen.

Als ich den Amokläufer von Oberhausen sehe, ist mir klar: Es ist Zeit zu handeln, bevor es viele Opfer gibt. Der Typ, ich schätze ihn auf neunzig Kilo, rennt über die Straße, schreit wirres Zeug und fuchtelt dabei mit seiner Klinge herum: Das Messer mal in der linken Hand, mal in der rechten Hand. Er sucht das nächste Opfer. Aus Erfahrung weiß ich, dass ich ihn im richtigen Winkel anpacken muss. Ich sehe auch, dass der Typ nicht ganz weggetreten ist. Jetzt ist Teamwork gefragt: Ich sage meiner Freundin, dass sie von der anderen Seite an ihn ran muss, um seine Aufmerksamkeit zu wecken. Sie macht mit, läuft seitlich an dem Irren vorbei und schreit ihn an. Es funktioniert. Der Kerl geht auf meine Freundin los. Pech für ihn. Das ist mein Moment, ich starte durch. Angst? Nur Adrenalin. Auch meine Freundin hat das alles ganz locker genommen. Der Amokläufer ist genauso überrascht wie chancenlos. Einen Armhebel angesetzt, hochgezogen, und schon fliegt das Messer weg. Der Typ fällt unglücklich. Wie das so ist, wenn man versucht, Leute umzubringen und das nicht klappt.

„Bitte! Ich hab doch nichts gemacht. Gott hat mich erlöst. Tu mir nichts mehr“, jammert er. Er winselt. Ich halte ihn fest, bis die Polizei kommt.

Vom Bergbau nimmt man viel mit für das Leben: „Geht nicht gibt's nicht“, diese Einstellung haben wir Bergleute tief in uns drin. Wenn etwas kaputt ist, dann repariert man es eben. Auf dem Pütt erzählt dir jeder Bergmann gleich seine Lebensgeschichte. Einer tritt für den anderen ein. Mal trinkst du aus der Flasche deines Nebenmanns, mal trinkt er aus deiner. Ich bin gerne Bergmann, auch wenn es jetzt bald zu Ende geht. Ich habe es nie bereut. Dieses Kumpelhafte, diesen Zusammenhalt, dieses Miteinander – das gibt es nur unter Tage. Ich versuche dieses Gefühl auch meinen beiden Töchtern aus erster Ehe mitzugeben. Aber leider stirbt mit dem Bergbau auch diese besondere Mentalität. Ich habe das Gefühl, dass die meisten Leute nur noch mit sich selbst beschäftigt sind.

Nach der Aussage bei der Polizei erhielt ich manches Lob und viel Dank. Mir ist das nicht so wichtig. Hauptsache ist doch, dass nicht noch mehr passiert ist. Ich denke mir: Wenn man sich einmal für andere Leute eingesetzt hat im Leben, dann hat sich das gelohnt. In dem Moment, in dem ich für einen anderen einstehe, will ich nicht der Held sein. Ich will nur helfen. Vielleicht habe ich ein kleines Zeichen gesetzt: Man kann eben doch immer etwas tun. „Geht nicht gibt's nicht“, wie unter Tage. Deswegen berührt es mich, wenn die Leute mich darauf ansprechen, was da in Oberhausen passiert ist. Der Irre sitzt heute in einer Psychiatrie. Sein Opfer hat wie durch ein Wunder überlebt: Die Klinge ging genau zwischen Wirbelsäule und Niere durch.

Lutz Backhaus, 1964 geboren, arbeitet seit seinem sechzehnten Lebensjahr im Bergbau. Er hat zwei Töchter. Backhaus lebt in Oberhausen.

Eigentlich scheint mit dem Kohlekompromiss alles klar zu sein – doch dann kommt eine überraschende Horrormeldung aus Brüssel. Gewerkschafter Ludwig Ladzinski muss noch einmal alle Kräfte mobilisieren – und erlebt einen Krimi hinter den Kulissen.

Beim letzten Streit ging es dann noch einmal um alles. 2010 war das, als die europäische Kommission die Subventionen für den Steinkohlebergbau ab 2014 verbieten wollte. Das wäre das Ende des deutschen Kohlekompromisses[4] gewesen. Kein sanfter „Auslaufbergbau", sondern knallharte, betriebsbedingte Kündigungen. Wir mussten noch einmal kämpfen. Unsere Gegner in Brüssel waren mächtig. Zum Beispiel die Klimaschutzkommissarin Connie Hedegaard aus Dänemark, die wohl als treibende Kraft hinter dem Angriff auf den deutschen Kohlekompromiss stand. Das hatte sie als ihr Lebensziel benannt: den Steinkohlebergbau platt machen. Auf jeden Fall hat die Europäische Kommission so entschieden, wie Hedegaard es wollte. Die Subventionen sollten Knall auf Fall beendet werden. Und gegen diesen Beschluss mussten wir noch einmal all unsere Kraft aufbieten.

*[4] **Kohlekompromiss:** Die Gewerkschaften verzichten auf Streiks. Dafür wird der Bergbau erst 2018 abgewickelt – und nicht schon viel früher, wie von Subventionskritikern gefordert.*

Wer die Regularien in Brüssel kennt, der weiß, wie schwierig es ist, einen Beschluss der Kommission zu kippen, denn nur die Kommission hat das Recht, europäische Richtlinien zu beschließen. Und diese können allein vom europäischen Rat, dem Gremium aller europäischen Staatschefs, aufgehoben werden. Ich sage mal so: Es passiert wirklich sehr selten, dass eine Entscheidung der Kommission noch revidiert wird.

1970 begann ich auf der Zeche Haniel in Bottrop eine Ausbildung zum Starkstromelektriker. Mein Vater war schon im Bergbau, mein Opa war im Bergbau, für mich hat sich die Frage, etwas anderes zu machen, gar nicht gestellt. Für mich war klar, dass ich eines Tages mit dem Fahrrad die Bundesstraße entlang nach Haniel strampeln werde. Ich bin ziemlich schnell aufgestiegen, wurde Betriebsrat und irgendwann Betriebsratsvorsitzender. Ich habe alle wichtigen Arbeitskämpfe der letzten Jahrzehnte miterlebt und mitgestaltet. Ich habe den Job gerne gemacht. Es ist ein komisches Gefühl, nach über vierzig Jahren auf einem Pütt[5] das Ende so nah vor Augen zu haben.

*[5] **Pütt:** Der Ursprung des Wortes ist mit dem englischen „Pit" verwandt. Ein Pütt ist eine Grube oder Schachtanlage.*

Von der Entscheidung der EU-Kommission wurden wir völlig überrascht. Wir hatten zwar Signale erhalten, dass es einige wenige Änderungen am deutschen Ausstiegsgesetz für 2018 geben sollte, aber ehrlich gesagt: Diese wenigen Änderungen wären uns egal gewesen. Nach dieser Überraschung herrschte die große Sorge, dass sich die damalige schwarz-gelbe Bundesregierung rausredete, nach dem Motto: „Was sollen wir schon gegen die Entscheidung in Brüssel ausrichten? Wenn Brüssel den Ausstieg 2014 will, dann müssen wir das hinnehmen." Das waren auch die ersten Signale, die wir aus Berlin empfingen.

Also mussten wir zunächst auf die Bundesregierung einwirken. Unser Standpunkt: Wenn man sich in Deutschland zu irgendeinem Thema in der politischen Auseinandersetzung so weit durchgerungen hat, dass man einen Kompromiss in ein Gesetz gießt, dann erwarten wir, dass sich die Vertreter der Bundesrepublik Deutschland in Brüssel auch für die Umsetzung dieses Gesetzes einsetzen. Dabei ist das Thema ganz egal. Das hat nichts damit zu tun, ob man Bergbau gut findet oder nicht. Wenn es in Deutschland ein Gesetz gibt, muss sich die Bundesregierung für dieses Gesetz in Brüssel einsetzen. Aus meiner persönlichen Sicht war das, was die Bundesregierung in Brüssel unternahm, äußerst dürftig.

Ich gebe mal ein Beispiel: Wir hatten versucht, über die Gewerkschaft ein Gespräch mit dem damaligen Bundeswirtschaftsminister Rainer Brüderle von der FDP zu führen. Der hatte aber kein Interesse an einem Gespräch und ließ uns warten. Erst nach der Entscheidung der EU-Kommission konnte unser Vorsitzender der Bergarbeitergewerkschaft IGBCE, Michael Vassiliadis, dann doch noch mit Brüderle sprechen. Er hat ihm klargemacht, dass wir genau beobachten, wie sich die Bundesregierung in Brüssel einbringt. Wir wussten ganz genau, dass sich die Bundesregierung noch nicht zur Entscheidung der Kommission positioniert hatte. Wir wussten, dass zur Sitzung des EU-Parlaments noch keine Stellungnahme formuliert war. Wir haben Brüderle gesagt, dass wir es fürchterlich ärgerlich finden, wenn sich das Wirtschaftsministerium nicht zur Durchsetzung eines deutschen Gesetzes in Brüssel positioniert. Und wir haben auch gesagt, dass wir öffentlichen Druck aufbauen würden, wenn nichts passiert.

Man kann es wirklich so ausdrücken, dass wir aus den Gesprächen den Eindruck hatten, Brüderle wollte sich nicht einbringen. Es ist müßig, darüber zu streiten, ob das seine persönliche Entscheidung war oder nicht. Das war jedenfalls Fakt. Wir haben also anderswo Verbündete gesucht für die entscheidende Ratssitzung. Dazu war ich mit Vassiliadis zum Beispiel bei den spanischen, ungarischen und polnischen Kollegen, deren Zechen von der Brüsseler Entscheidung ebenfalls direkt betroffen waren.

Aber auch hier war es wirklich sehr ärgerlich, dass sich die deutsche Regierung nicht klar aufgestellt hatte. In unseren Gesprächen in Spanien, Polen und Ungarn wurden wir immer wieder gefragt: „Ist ja schön, dass ihr hier für eure Position kämpft, aber wie hat sich denn eure Regierung positioniert?" Wir mussten dann sagen: „Ja, ... äh ..., noch gar nicht, nee, da warten wir noch drauf." Das war schlimm.

Gleichzeitig haben wir im Europäischen Parlament versucht, Verbündete zu gewinnen. Damit nicht völliges Chaos ausbrach, mussten wir alle auf eine einheitliche Position bringen. Die Probleme sind ja nicht gleich gelagert: Polen und Spanier etwa wollten ihren Bergbau weit über 2018 hinaus mit Subventionen am Leben erhalten, die dachten an einen Ausstieg im Jahr 2023 oder 2025. Wenn da jeder nur für seine Interessen eingetreten wäre, hätte man uns auseinanderdividieren können. Letztendlich ging es ja einfach ums Stimmenzählen: Wer ist für uns, wer ist gegen uns, wer ist unentschlossen? Es galt, die Unentschlossenen zu überzeugen. Dazu haben wir vor allem argumentiert, dass wir in Deutschland eine Gesetzeslage haben, die den Ausstieg verbindlich regelt. Dass es für die EU ein großer Schaden wäre, wenn diese Gesetzeslage bei der Entscheidung keine Rolle spielen würde. Uns wurde gesagt: Das schafft ihr nie. Wir haben es aber geschafft.

Leider hatten wir gehofft, vom deutschen Energiekommissar Günther Oettinger (CDU) unterstützt zu werden. Doch der Mann war ein ziemlicher Ausfall. Ich beschreibe das mal: Unser Gewerkschaftschef Michael Vassiliadis und ich suchten ein persönliches Gespräch mit ihm. Doch Oettinger hatte einfach kein Interesse, mit uns zu reden. Irgendwann, wir saßen gerade in einer Hauptvorstandssitzung der Gewerkschaft in Mainz, bekamen wir einen Anruf aus Oettingers Büro. Er ließ fragen, ob wir am gleichen Nachmittag um 16 Uhr zu einem Termin nach Straßburg kommen könnten, dem Sitz des Europäischen Parlaments. Sehr wahrscheinlich hat er damit gerechnet, dass wir sagen: „Nein, geht heute nicht." Er hätte dann sagen können: „Ich hab sie ja eingeladen, sie sind aber nicht gekommen." Michael Vassiliadis und ich sind sofort mit dem Auto losgefahren. Dreieinhalb Stunden Autobahn bis Straßburg, genug Zeit, über die Strategie des Gesprächs zu beraten.

„Zu wem wollen Sie?", fragte der Pförtner, als wir uns an der genannten Adresse meldeten. „Herr Oettinger? Wer soll das sein?"

„Ein EU-Kommissar, der in diesem Haus residiert."

„Den kennen wir nicht, den gibt es hier nicht."

Wir prüften unsere Unterlagen: Die Anschrift stimmte. Der Pförtner sah im Büroverzeichnis nach – doch da stand nichts von einem Herrn Oettinger. Wir beschlossen, im Foyer zu warten. Niemand kam, um uns abzuholen, auch 20 Minuten nach der vereinbarten Zeit nicht. Michael Vassiliadis hat die ganze Zeit telefoniert und versucht, herauszufinden, was los ist. Irgendwann hat uns dann doch tatsächlich noch jemand in ein Büro gebeten. Darin nur ein blanker Schreibtisch, ein Telefon, ein Tisch und vier Stühle. Leere Regale, keine Bilder an der Wand, nichts Persönliches. Ich hatte den Eindruck, das war ein Büro, das jeder nutzen kann, der da hinkommt und ein Gespräch führen will. Also: Ich sag mal so, der Oettinger hat sich sehr wahrscheinlich ein Büro ausgesucht, das gerade frei stand. Wir setzten uns hin und Oettinger eröffnete das Gespräch.

„Ich bin gar nicht für Kohlepolitik zuständig."

Wie bitte? Wir haben ihm gesagt, das wäre schon erklärungsbedürftig für uns, dass er nicht zuständig sein will. Oettinger entgegnete, für die Subventionen wäre das Kommissariat für Wettbewerb zuständig; er sei nun mal Energiekommissar und nicht Wettbewerbskommissar. Basta.

Hatte Kohle nichts mit Energie zu tun? Mit der Kohle welchen europäischen Landes stehe die deutsche Kohle im Wettbewerb. Oettinger erwiderte, ja, das wäre dann wieder Energiepolitik. Ein chaotisches Gespräch. Und am Ende meinte er noch, die Kohlesubventionen hätten auch was mit Kohlendioxid zu tun. Und im Übrigen wäre Kohle auf dem Weltmarkt billig zu haben und er wäre ja nicht gegen Kohle, solange die Kohle zu vernünftigen Preisen und in einer vernünftigen Menge verfügbar wäre – aber man müsste auch an Klimaschutz denken. Ich habe mich erkundigt, ob er der Meinung sei, es komme Rosenduft aus dem Schornstein, wenn ein Kraftwerk mit Importkohle befeuert wird? Ob er mir vielleicht den Unterschied erklären könne?

Darauf schwieg Oettinger zunächst. Um dann zu behaupten, im Ausstiegsgesetz der Bundesregierung stünde, dass schon 2012 Schluss sein soll mit der Kohle. Und wenn die EU-Kommission jetzt per Beschluss den Ausstieg auf

2014 festschreiben würde, dann hätten wir ja zwei subventionierte Jahre gewonnen. Wir sollten also zufrieden sein.

Wie bitte? Das muss man sich mal vorstellen! Dieser Mann ist Energiekommissar der Europäischen Union. Wir haben geantwortet, dass wir das Gesetz eigentlich gut kennen würden, aber von einem Ausstieg 2012 stünde da kein Wort. Worauf Oettinger doch tatsächlich erwiderte, dies sei Interpretationssache. Es war unglaublich, einfach unglaublich.

Wir waren hochmotiviert, eine große Demonstration in Brüssel auf die Beine zu stellen, mitten in der heißen Phase der Verhandlungen. Der Internationale Gewerkschaftsbund hatte die Aktion koordiniert. Aus ganz Europa reisten die Arbeiter an, sogar mit Bussen aus Bayern. Die Spanier waren da, die Polen und Ungarn. Insgesamt rund 25.000 Männer und Frauen, es war richtig was los. Wir wissen natürlich nicht, ob und welchen Einfluss die Demonstration darauf hatte, die Entscheidung der Kommission doch noch zu kippen und den deutschen Kohlekompromiss zu halten. Ich glaube, das kann man im Nachhinein gar nicht messen. Es war vielmehr das Ergebnis zahlreicher Bemühungen. Außer von den SPD-Europaabgeordneten und der NRW-Ministerpräsidentin Hannelore Kraft kamen eigentlich nur Lippenbekenntnisse von kleinen Parteien, die unsere Position unterstützten. Am wenigsten haben die unternommen, die Verantwortung trugen. Damit meine ich die Leute aus Brüderles Wirtschaftsministerium. Kanzlerin Merkel war außen vor. Die Bundeskanzlerin hatte mir auf meinen Wunsch hin persönlich per Handschlag in der katholischen Akademie Mülheim am 20. April 2010 ihr Wort darauf gegeben, dass die gesetzlichen Regelungen eingehalten werden. Es war ein nachhaltiger Handschlag. Allerdings hat uns ihr Kanzleramtsminister Ronald Pofalla (CDU) sehr unterstützt. Ich persönlich denke: Ohne seinen Einsatz wäre es noch viel schwieriger geworden, den deutschen Kohlekompromiss zu sichern. Pofalla hatte ich auch mal auf einer Betriebsversammlung im Bottroper Saalbau gehört. Er vertrat die gleiche Meinung, die ich auch habe. Wenn wir in Deutschland Gesetze haben, dann hat die Bundesregierung alles zu tun, um diese Gesetze europafest zu machen. Uns ging es nicht mehr um Inhalte, die waren gesetzlich geregelt. Das haben die meisten gar nicht begriffen.

Auf den Zechen blieb es erstaunlich ruhig, obwohl es um eine lebenswichtige Entscheidung ging. Wir konnten den Kollegen nicht jede Wendung der Dinge mitteilen. Brüssel war weit weg. Außerdem ging alles Schlag auf Schlag, da konnten wir nicht jeden zweiten Tag sagen, wie der Stand nun war. Ständig hat sich alles geändert, teilweise im Wechsel von Stunden. Wir hätten die Mannschaft nur bekloppt gemacht. Auch Mahnwachen hätten nichts gebracht. Diese Proteste vor Ort interessieren die Politiker in Brüssel doch überhaupt nicht. Wir mussten auf anderer Ebene versuchen, Einfluss zu nehmen. Erst als die Großdemo in Brüssel feststand, haben wir die Leute abgeholt.

Schließlich hatten wir Erfolg. Der Beschluss der Kommission wurde in letzter Minute gekippt. Die deutsche Entscheidung zum Kohleausstieg im Jahr 2018 steht, so wie es im großen Kompromiss festgeschrieben ist. Es gibt keine betriebsbedingten Kündigungen. Ich glaube indes, wir werden diesen Kompromiss noch bitter bereuen. Wenn wir den Zugang zu den heimischen Lagerstätten verschütten, haben wir gar nichts mehr. Und dann werden die Importpreise auch nicht lange so günstig bleiben, wie sie im Augenblick sind. Ich bin fest davon überzeugt: Die Preise gehen wieder hoch, sobald die letzte Zeche dicht ist. Dazu wird das Know-how des Bergbaus verschwinden. Ich kann doch eine Grube in Deutschland nicht betreiben wie eine Pommesbude! Eine Pommesbude kann ich mal für zwei Jahre zumachen und wenn die Pommes wieder begehrt sind, schmeiße ich die Fritteuse wieder an. Das geht mit einer Zeche einfach nicht.

Ich verstehe nicht, warum man als wichtigstes Argument gegen den Bergbau die Subventionen anbringt. Es geht um Energiesicherheit. Die regenerativen Energien brauchen doch auch Subventionen, und zwar nicht zu knapp. Das ist alles ein bisschen bekloppt, wenn man mich fragt. Und was ist, wenn das mit den regenerativen Energien nicht wie geplant funktioniert? Im letzten Winter sind unsere Kohlekraftwerke auf voller Kapazität gelaufen, weil die Sonne nicht genug schien und der Wind mau war.

Kohle brennt auch im Dunklen. Aber das scheint keinen zu interessieren.

Ludwig Ladzinski, Jahrgang 1955, fing als 14-Jähriger auf der Zeche an und brachte es bis zum Vorsitz des Gesamtbetriebsrates aller deutschen Gruben. Der Bottroper spielt auch im hohen Alter noch leidenschaftlich gerne Fußball.

Prosper-

Der Alptraum eines Sprengsteigers ist es, wenn sein TNT abhanden kommt. Dem Vorgänger von Theo Skowronek stahl ein Kleinkrimineller Sprengstoffstangen von der Länge eines Unterarms. Munition für viele unangenehme Fragen.

Sprengstoff ist eine komplizierte Sache in einer Kohlengrube. Überall wird er gebraucht: zum Vortreiben der Strecken[6], zum Abteufen der Schächte und auch mal zum Kohlebrechen. Doch immer besteht die Gefahr einer unkontrollierten Gasexplosion und eines Grubenbrandes. Deswegen durften nur besonders vertrauensvolle Sprengsteiger mit TNT hantieren, so Kerle, wie ich einer war.

[6] *Strecke:* eine horizontale Verbindung im Bergwerk, die nicht ans Tageslicht führt. Eine Strecke verbindet etwa Kohlefelder oder Abbaugebiete.

Jahrelang musste ich den ganzen Zunder unter und über Tage mit meinen Gehilfen durch die Gegend buckeln: mit dem VW-Bus, mit dem Grubenrad oder auf dem Ast in der fetten Sprengkiste. Dann wurde das Zeug in Bohrlöcher gestopft, ordentlich verdrahtet und eine Wasserpatrone draufgesetzt, damit das TNT seine volle Wirkung entfalten konnte. Kurz noch das Methan gemessen, um sicher zu zünden, dann rief der Schießmann: „Es brennt!" Rumms! Ein satter, fester Knall, an den man sich nur mit den Jahren gewöhnt. Sprengschwaden zogen vorbei. Danach konnten die Kollegen den Abschlag wegräumen, den Ausbau beginnen und neue Bohrlöcher bohren. Wir sind in Tiefen von mehr als tausend Metern vorgedrungen. Explosion um Explosion trieben wir kilometerlange Strecken voran.

Ich habe 1955 als Berglehrling auf der Zeche angefangen. 1976 machte ich die Ausbildung zum Sprengsteiger, durfte danach aber ein paar Jahre lang nur die Vertretung übernehmen und ständig andere Jobs annehmen; ich war sogar Nachtschichtdirektor. 1976 und 1981 hatte ich dann zwei schwere Unfälle. Beim ersten Mal hatte in einem Streb[7] ein Hobel gerade ordentlich Kohle abgeräumt. Dummerweise blieb aber Kohle hängen, und die kam auf zehn Meter Länge in einem Schlag rüber. Ich konnte gerade noch in den Schutz des Schildes springen, aber ein ordentliches Stück ist mir trotzdem noch auf die Hand gefallen. Da war dann auch der Sommerurlaub im Eimer. Mist. Ich hatte mir kurz vorher noch einen Wohnwagen und ein neues Auto gekauft.

[7] *Streb:* Gebiet, in dem Kohle geschlagen wird.

Beim anderen Unfall fiel mir ein Stempel direkt auf die Hand. Mit einem Kollegen wollte ich kurz vor Schluss noch schnell drei Abstützbalken in einem neuen Streb setzen, als ein Ding runterknallt und meine Hand zerschmettert. Da war natürlich erst mal Ende der Schicht.

Aber was soll ich mich beschweren? Die Hände funktionieren seither zwar nicht mehr so dolle, meine Finger kann ich nicht richtig krümmen, aber ich komme klar und konnte einige Jahre auf der Zeche weitermachen, diesmal sogar als verantwortlicher Sprengsteiger. Das gehört zu meiner schönsten Zeit auf dem Pütt.

Ich hatte zwei Sprengstofflager unter Tage und ein Lager über Tage unter mir. Dort lagerte tonnenweise TNT. Große Stangen wie aus den Comicfilmen, Dinger, die einem vom Ellenbogen bis zum Handgelenk reichten. Damit wurde das Gebirge gesprengt. Kleinere Stangen dienten für Sonderaufgaben und so eine Art sprengbares Waschpulver wurde für Arbeiten in Kohleschichten benutzt. Ich hatte mehrere Sprengbeauftragte in meiner Truppe. Über jeden Krümel Sprengstoff mussten wir Rechenschaft ablegen. Für die Lagerung, für den Transport, für den Einsatz vor Ort und auch sonst für alles. Jedes Gramm musste mit Unterschrift übergeben werden. Die Sprengstoff-Verzeichnisse, das war Vorschrift, wurden zehn Jahre lang aufbewahrt. Für den Fall, dass mal irgendwo eine TNT-Stange auftauchte, wo sie nicht hingehörte. Anhand der Verzeichnisse konnte die Kripo jederzeit nachvollziehen, wer wann welchen Sprengstoff gekriegt hat und wo er zu welchem Zweck im Betrieb eingesetzt werden sollte.

So haben sie auch mal meinen Vorgänger als Sprengsteiger drangekriegt, als unter seiner Aufsicht ein Kleinkrimineller aus der Nähe von Neukirchen TNT hat mitgehen lassen. Der krumme Hund arbeitete als Kumpel bei uns in Bottrop im Vortrieb. Um schneller voranzukommen, hatten wir in der Strecke eine Arbeitsbühne aufgestellt; auf zwei Ebenen bohrten die Männer Sprenglöcher. Oben auf der Bühne stand dann der Saubeutel, der dem Sprengbeauftragten vor Ort zugerufen hat: „Mach hin! Ich brauche hier die nächste Ladung." Dann hat der Sprengbeauftragte sechs oder sieben Patronen zusammengeschnürt und als Ladesäule nach oben geworfen. Eigentlich sollte der Mann auf der Bühne nun die ganze Säule in das Bohrloch stecken. Doch der Kerl hat mit nur einem Griff eine Patrone abgedreht. Die ließ er dann in sein Hemd fallen und im Hosenbund verschwinden. Das hat er wohl ein paar Mal gemacht.

Anschließend musste der Kerl nur noch den Sprengstoff mit in die Kaue nehmen und nach Hause tragen. Fertig. Kein Pförtner kam auf die Idee, zu kontrollieren, ob wir Kumpel Sprengstoff klauen. Der Diebstahl kam erst raus, als die Polizei einige Zeit später das Haus des Diebes wegen einer anderen

Sache durchsuchte – und den Sprengstoff aus dem Pütt entdeckte. Angeblich in einer Kiste im Kleiderschrank. Anhand der Nummern auf den Patronen konnten die Beamten ermitteln, in welchem Betrieb der Schuss geklaut worden war. Es kam auch schnell heraus, unter welchem Sprengbeauftragten das TNT geklaut wurde. Eigentlich hätte der Beauftragte kontrollieren müssen, ob alle Patronen auch ordentlich in die Bohrlöcher versenkt wurden. Aber es ging wie so oft einfach „schnell-schnell", und man vertraut seinen Kollegen. Für meinen Vorgänger war dieser Fall sicher sehr peinlich. Er musste eine Menge unangenehmer Fragen beantworten.

Generell aber ist wenig passiert, muss ich sagen. Für die Sprengungen werden zuerst Bohrlöcher trichterförmig vorangetrieben, bevor weitere Bohrlöcher drumherum gesetzt werden, um die Ränder abzusprengen. Das Gestein fliegt anschließend satt nach innen und es gibt einen schönen Haufen, der weggeschaufelt werden kann. Mit jeder Schicht wandern so die Strecken weiter in den Berg. Wir haben aufgepasst, dass alles ordentlich zündet und nichts wegkommt. Klar wurde auch mal etwas nicht richtig verbohrt oder der Sprengstoff setzte nicht richtig um, sondern wurde als Patrone im Abschlag gefunden. Aber wir waren nicht doof. Wir kontrollierten, ob auch alles explodiert war, und die Stangen, die nicht hochgingen, sammelten wir wieder ein.

Zum Transport des TNT benutzten wir unter Tage Schienenfahrräder. Die standen mit vier Laufrollen auf den Gleisen der Zechenbahnen. Vorne war ein Riesenkorb auf das Rad moniert. Da kamen die Sprengkisten rein, wenn wir das Zeug aus den Lagern vor Ort gebracht haben. Die Kisten waren komplett aus Blech. Vorne hatten sie ein spezielles Fach für die Zünder und daneben, durch ein weiteres Blech getrennt, kamen bis zu 25 Kilo TNT rein. Die großen Sprengstangen hatten ordentlich Wumms, da mussten wir aufpassen. Der Rest war eigentlich harmlos.

Leider ist einmal ein Fahrradfahrer tödlich verunglückt, als er auf den Schienen zwischen rangierende Loks geraten ist. Im Nachhinein kam zwar raus, dass der Mann angetrunken war, aber den Werkschef hat das wenig interessiert. Er hat nach dem Unfall alle Fahrräder einschließen lassen. Jetzt konnte ich den Sprengstoff nur noch mit Trägern transportieren lassen. Das war eine unglaubliche Plackerei, denn die Kisten waren schwer. Die Unter-Tage-Loks durften wir auf Anweisung der Bergbehörde nicht benutzen. Wir mussten uns also etwas einfallen lassen: Wenn es unter Tage nicht geht, ziehen wir den Transport über Tage durch. Muss ja keiner wissen. Jeden Tag haben wir also den Sprengstoff um vier Uhr morgens aus dem Lager im Berg abgeholt, und dann über Tage bei Nacht und Nebel in einen wartenden VW Bulli geladen, 960 Kilogramm, und durch halb Bottrop zum nächsten Schacht gefahren. Dort haben wir alles wieder neu eingelagert. Jahrelang liefen diese Nacht-und-Nebel-Aktionen auf diese Tour. Der Sprengbetrieb lief, alles war in Ordnung. Keiner hat gefragt, wie wir das hinkriegen, viele Tonnen TNT ohne Räder und ohne Loks zu bewegen. Die haben uns einfach wurschteln lassen. Zum Glück ging alles gut.

Sprengsteiger Theo Skowronek, Jahrgang 1940, fing 1955 auf der Zeche an. Er war Berglehrling und stieg schnell in die Steigerränge auf. Nach Dienstzeiten als stellvertretender Reviersteiger und Nachtschichtdirektor wurde er Sprengsteiger und war verantwortlich für „alles, was knallte". Nachdem er 1993 in Rente ging, hat er ein Haus für seine beiden Söhne renoviert, mit eigenen Händen.

ART WORX

Bergmann Robert Schmidt spielt Schlagzeug. So hat er seine Frau gefunden. Und so hat er für den Erhalt des Bottroper Freibades gekämpft.

Als Kinder sind wir oft mit den Rädern von unserer Zechensiedlung rüber ins Stenkhoffbad nach Bottrop-Eigen gefahren. Ich war zwar nie ein begnadeter Schwimmer, aber im Freibad Eis zu schlecken und nach den Mädchen zu schauen, fand ich gut. Ich verbinde viele schöne Erinnerungen mit dieser Zeit und dem Ort. Deswegen war das für mich sofort klar, dass ich was unternehmen musste, als die Stadt das Freibad schließen wollte. Schließlich sollten auch andere die Gelegenheit bekommen, etwas zu erleben.

Als die Schließungspläne konkret wurden, bekam ich einen Anruf: „Hör mal, Robert, wir wollen einen Bürgerentscheid dagegen organisieren und veranstalten im Bad ein Konzert, um Geld zu besorgen und Unterschriften zu sammeln. Du spielst doch in ein paar Bands?" Ich habe direkt zugesagt, ohne meine Jungs gefragt zu haben. Wir sollten die Abteilung „Oldies" abdecken. Ich sagte: „Wir machen das."

Die 1960er-Jahre waren meine große Zeit. Meine erste richtige Freundin kam abends bei mir vorbei. Die ist bei sich zu Hause über den Balkon abgehauen und hat bei mir Steinchen ans Fenster geschmissen. Ich stellte unten im Keller eine Kiste vor das Fenster. Da ist sie durchgekrochen und hat zwei Stunden bei mir geschlafen, bis sie wieder auf diesem Weg abhaute. Ging nicht anders. Meine Mutter wollte nicht, dass ein Mädchen bei mir schläft. „Ich bin doch keine Kupplerin", schimpfte sie. Meine Mutter war wie eine Hyäne. Die hat darauf geachtet, dass bloß nichts Unmoralisches unter ihrem Dach geschieht.

Mein Vater kam ursprünglich aus Bayern. Im Krieg wurde er in Russland verwundet und musste später gegen die Amerikaner kämpfen. Schließlich geriet er in der Eifel in Gefangenschaft. Als er da rauskam, zog es ihn nach Bottrop, weil Arbeiter für die Gruben gesucht wurden. Wir lebten zunächst in einem Behelfsheim, einer Notunterkunft, was ganz Armseliges. Meine Mutter hat mir erzählt, dass Kakerlaken über mein Kinderbett krabbelten. Eine ganz schlimme Zeit. Ich habe fünf Geschwister.

Als ich dann größer wurde, gab es eigentlich nicht viel Auswahl. Mein Vater war auf dem Pütt und es war eine logische Sache, dass der Sohn nachkommt. Dabei mochte ich überhaupt nicht auf die Zeche. Als Kind wollte ich Fernsehmechaniker werden. Aber dann, mit 13 Jahren, musste ich in die

Berglehre. Jugendschutz? Hat keinen interessiert. Was nicht passte, wurde passend gemacht. Ich sortierte auf dem Schrottplatz Eisen. Mit 16 Jahren ging es dann für mich unter Tage. Das einzig Gute: Schon ein Jahr später hatte ich meinen Knappenbrief in der Tasche.

Na ja, und dann erlitt ich unter Tage auch schon meinen ersten schweren Unfall, kurz nachdem ich meinen Brief bekam. Ein Schaufelbagger, ein Frontlader, hat mir die Schaufel ins Kreuz gehauen. Ich hatte Prellungen und mein Fuß war zweimal gebrochen. Mit einem Rettungszug, so einer kleinen Blechwanne, haben die mich über die Kohleförderung rausgeholt und ins Krankenhaus geschafft. Ein halbes Jahr lang habe ich krankgefeiert. Die haben gemauschelt, damit mein Unfall nicht publik wurde, denn ich war ja noch so jung. Die sagten einfach: „Bleib du mal zu Hause, das wird schon wieder." Danach wollte ich vom Pütt eigentlich nichts mehr wissen.

Ich habe dann ein paar Jahre als Dachdecker gearbeitet und auch schon eine eigene Kolonne geführt, obwohl ich ungelernt war. Irgendwann hat mich der Alte dann reingerufen und gesagt: „Du hör mal, mach deinen Gesellenbrief. Du bist ein guter Mann, dich können wir brauchen." Ich wollte das auch machen, aber als Dachdecker hatte ich im Winter häufig Probleme mit den Bronchien. Deswegen bin ich doch zurück auf den Pütt, wo ich zum Dreher umschulte und in der Zentralwerkstatt über Tage bleiben durfte. Über zwanzig Jahre habe ich den Job gemacht, bis ich berufsunfähig wurde.

Während all der Zeit habe ich als Trommler in Bands gespielt. Wir hatten eine „Zechen-Band" in der Ausbildung, später dann eine „Südstaaten-Band" und dazu immer irgendwelche Tanzcombos. So habe ich die ganze Musikszene in Bottrop kennengelernt – und später auch meine Frau. Anfang der 1970er-Jahre, ich war Mitglied einer Rockband, kam ein Spanier auf mich zu. Ich hatte eigentlich keine Lust, für die Jungs zu trommeln, aber irgendwann hat er mich überredet. Rumba, Flamenco. Irgendwann sind wir im Spanischen Zentrum in Gelsenkirchen aufgetreten, in der Bochumer Straße. Und da habe ich sie gesehen. Ich dachte sofort: Die oder keine. Ich war damals ein richtig sportlicher Typ. Habe neben der Arbeit und der Musik Fußball gespielt und bin mit meinem Moped rumgeflitzt. Jedenfalls haben wir uns gekriegt, 1972 geheiratet und dann war schon unser erster Sohn Markus unterwegs.

Der Musik bin ich erst mal nicht treu geblieben. Erst nach einigen Jahren Pause fing es wieder an. In der Zentralwerkstatt auf der Zeche habe ich mit den Lehrlingen, die ich ausgebildet habe, eine Band aufgemacht: „Burning Steel". Wir probten in einem alten Bunker und coverten so ziemlich alles, was es gibt, von „Iron Maiden" bis „Motörhead". Wir haben sogar ein paar Gigs gespielt. Später gründete ich mit alten Kumpels eine neue Band, allerdings lief das nicht ganz so lange, weil es da nur noch ums Saufen ging. Ich meine, da waren erstklassige Musiker dabei, aber die wollten quasi im Probebunker wohnen. Ihre Familie war für die zweit- oder drittrangig. Ich habe denen gesagt: „Liebe Leute, ich bin gerne gewillt, mein Bestes zu geben, aber nicht um jeden Preis." Ich habe mir stattdessen eine andere Band gesucht.

Meine Kinder finden das richtig toll. Ich war vor einiger Zeit schwer krank und wäre fast gestorben. Mein zweiter Sohn, Andy, sagt deswegen immer: „Papa, mach Musik, so lange wie du kannst, das macht dir Spaß, genieße das Leben." Meine Frau kennt mich gar nicht anders, die findet meine Leidenschaft gut. Schließlich haben wir uns über die Musik gefunden.

Ich war jedenfalls froh, dass ich mit der Musik auch mal etwas Sinnvolles tun konnte, als es um die Rettung des Stenkhoffbads ging. Ein Freibad ist wichtig für die Kinder. Als wir jung waren, haben wir unterirdische Gruben gebaut, sind in alte Bunker eingestiegen, haben alles durchforstet und waren ständig auf Erkundungsreise. Heute macht das doch keiner mehr. Heute sitzen die Jugendlichen an ihren iPhones und vor Daddelkisten. Kein Wunder, dass so viele fett sind. Die Jugendlichen brauchen ein Freibad, um sich auszutoben.

Dummerweise hat dann kurz vor dem Rettungskonzert unser Gitarrist den Gig abgesagt. Ich musste den Veranstalter von der Bürgerinitiative anrufen und sagen: „Hör mal, ich glaube, wir kriegen den Auftritt nicht auf die Kette, unser Gitarrist ist weg." Der Veranstalter war traurig. „Das kannst du uns nicht antun. Die Flyer sind raus, wir haben überall riesengroße Plakate aufgehängt. Das geht doch nicht." Man, das hat mich getroffen. Ich habe ihm deswegen zugesagt, dass wir auf jeden Fall spielen. Ich besorge irgendwen. Ich habe ihm gesagt: „Ich mach das, ich verspreche dir das." Und so ist es dann auch gewesen.

Ausgerechnet am Tag des Konzerts herrschte dann ganz erbärmliches Wetter, Regen und Sturm. Wir hatten Angst, dass überhaupt keine Leute kommen. Am Ende waren vielleicht dreihundertfünfzig Zuschauer da, wir hatten mit mehr Leuten gerechnet. Das Fernsehen war da. Nach dem Konzert bin ich mit dem Klingelbeutel rumgegangen und habe Geld für die Bürgerinitiative gesammelt. Die Leute steckten sogar Banknoten ein. Mich hat es sehr gefreut, dass die Bürgerinitiative das Bürgerbegehren zum Erhalt des Bades durchgezogen und am Ende gewonnen hat. Wir haben ja nicht so viel in Bottrop. Wir haben kein Kino, kein Theater, nichts. Aber wenigstens noch ein schönes Bad.

Robert Schmidt, Jahrgang 1949, hat als Kind auf der Zeche angefangen. Seine Leidenschaft gilt dem Schwermetall, seiner Frau und seinen beiden Söhnen.

Mirko Skela ist Betriebsrat. Seine Leidenschaft gilt dem Bergbau. Er hat die letzte große Demonstration gegen die Schließung der Zechen mitorganisiert. Doch von einem Erfolg mag er nicht sprechen. Es ging darum, die Zechen in Anstand zu beerdigen.

Ich habe 1983 auf der Zeche angefangen und ich werde wahrscheinlich zu denen gehören, die hier das Licht ausmachen. Schon ein komisches Gefühl, dabei geholfen zu haben, den Bergbau zu beerdigen. Gleich nach der Realschule kam ich auf Zeche, eine Entscheidung, die ich nie bereut habe. Ich mag die Arbeit, den ehrlichen, direkten Umgang der Kumpel untereinander. Ziemlich früh habe ich mich an gewerkschaftlicher Jugendarbeit beteiligt. Ich war bei den organisierten Freizeitgestaltungen dabei und besuchte Wochenendseminare der Bergbaugewerkschaft. Für uns junge Auszubildende eine feine Sache: Wir konnten zu vernünftigen Preisen nach Grömitz reisen, in ein eigenes Jugenddorf der Gewerkschaft, oder sogar in den Italien-Urlaub.

Den ersten Arbeitskampf auf unserer Zeche bekam ich 1985 als Lehrling mit, als Jugendsprecher. Es ging um die Rückführung des Bergbaus und um die Zukunft der Ausbildung auf den Gruben. Allein auf den Bottroper Zechen zählten wir rund achthundert Auszubildende. Politikverdrossenheit? Davon war damals nichts zu spüren. Unsere Leute diskutierten mit und machten sich Gedanken um die Entwicklung der Gesellschaft. Wir sind von der Zeche Richtung Innenstadt marschiert und haben auf dem Rathausplatz eine Kundgebung veranstaltet. Ich hielt meine erste Rede. Was ich genau gesagt habe, keine Ahnung, das weiß ich heute nicht mehr. Ich erinnere mich aber, dass ich nervös war, zum ersten Mal vor so vielen Leuten zu sprechen. Ich glaube, diese Nervosität ist auch wichtig, weil sie zeigt, dass einer mit Herz und Seele bei der Sache ist. Wenn man zu cool wird, sollte man besser Waschmaschinen verkaufen.

Leidenschaft ist wichtig, doch ich musste lernen, dass es noch wichtiger ist, sich dann, wenn es um politische Aussagen geht, nicht in einem Rausch zu reden. Wir von der Gewerkschaft haben die Verantwortung, bei den Fakten zu bleiben. Wir sollten nicht ins Gefühlige abrutschen. Wohin das führt, wenn es zu emotional wird, haben andere Beispiele im Ruhrgebiet gezeigt, Krupp oder Opel. Dort wurden Werke geschlossen und Männer arbeitslos. Ich will jetzt nicht verurteilen, was die Kollegen dort gemacht haben, aber die emotionale Zuspitzung eines Konfliktes war nie die Politik der Bergbaugewerkschaften. Anders ausgedrückt: Wenn man die Leute auf einen Baum treibt, muss man auch wissen, wie man sie wieder runterkriegt.

Als sich die Diskussion um den Ausstieg aus dem Bergbau zuspitzte, 2007 war das, fungierte ich als stellvertretender Betriebsratsvorsitzender hier auf dem Bergwerk. Wir hatten während der Verhandlungsrunden echte Schwierigkeiten in den eigenen Reihen. Es gab Rädelsführer, die andere Aktionen starten wollten als wir Gewerkschafter. Einige wollten richtig radikal werden, Autobahnen und Kraftwerke besetzen oder die Schifffahrtskanäle und den Rhein sperren, wie in den Protesten der Jahre 1989 und 1990. Doch die Zeiten hatten sich geändert, das war uns klar. Eine Aktion wie das „Band der Solidarität“ zehn Jahre zuvor, bei dem Hunderttausende im ganzen Revier auf die Straße gegangen waren, galt als nicht mehr umsetzbar.

Zu viel war schon geregelt worden, zu viel hatte sich verschoben. Wir Gewerkschafter hatten dem schmerzlichen Ausstieg aus dem Bergbau im „großen Kohlekompromiss“ von Bund, Ländern, Gewerkschaft und Betriebsrat grundsätzlich zugestimmt. Wir akzeptierten das Ausstiegsjahr 2018, dafür sollte es eine Revisionsklausel für den Kompromiss im Jahr 2012 geben. Außerdem war vereinbart worden, den Ausstieg sozialverträglich umzusetzen, also ohne betriebsbedingte Kündigungen, mit Verlängerung der Kurzarbeit und den Anpassungsregeln im Bergbau. Mehr war unter den politischen Gegebenheiten einfach nicht drin. Man muss sich erinnern: Im Land regierte nicht die SPD, sondern eine schwarz-gelbe Regierung unter Ministerpräsident Jürgen Rüttgers (CDU).

Doch obwohl eigentlich alles geregelt worden war, kam es zum großen Krach. Die NRW-Landesregierung wollte den Kohlekompromiss aushebeln. Einfach so. Aus den Medien erfuhren wir, dass die NRW-Regierung plötzlich für einen Ausstieg im Jahr 2014 votierte. Ohne Kündigungen undenkbar. Die Zeichen standen auf Sturm. Betriebsräte und Vertrauensleute gingen in die Betriebe und informierten die Kollegen in der Kaue[8] oder in der Kantine. Die Stimmung: geladen. Die Leute waren sauer, misstrauisch. Zu oft hatten sie von Kohlerunde zu Kohlerunde erlebt, dass Verträge schon wieder hinterfragt wurden, obwohl die Tinte unter den Papieren noch nicht trocken war.

[8] ***Kaue:*** *offene Umkleidekabine für hunderte Bergleute. Die Wechselwäsche wird an Ketten in Körben unter die Kabinendecke gezogen.*

Die wichtigsten Vertreter von Gewerkschaften und Betriebsräten trafen sich zu einer Nachtsitzung in unserer Bottroper Fortbildungseinrichtung. Ich habe alleine in einem kleinen Nebenzimmer gewartet, was die Kollegen beschließen. Plötzlich, gegen 23 Uhr, ging es los: Es hieß, alle Zechen werden sofort mobilisiert, um schon am nächsten Morgen eine Großdemonstration in Düsseldorf zu starten. „Wir zeigen jetzt Rüttgers und seinen Konsorten, wozu die große alte Gewerkschaft der Bergleute noch fähig ist", das lag in der Luft. Wir setzen ihm eine Demo vor den Landtag und treffen ihn völlig unvorbereitet. Die einzelnen Betriebsratsvorsitzenden sind in ihre Betriebe zurück und haben ihre Jungs eingewiesen. Die Gewerkschaft hat im ganzen Land Busse für zehntausende Leute organisiert. Wir in Bottrop setzten unsere Telefonkette in Gang. Wir wollten nicht mit ein paar hundert Leuten nach Düsseldorf, sondern mit allen, wir wollten Tausende auf die Straße bringen. Die Vertrauensleute und die Betriebsräte hielten die Nachtschicht auf den Schächten fest, die Frühschicht haben wir nicht mehr einfahren lassen.

Am Morgen kam es auf allen Standorten zum totalen Betriebsstopp. Hunderte versammelten sich, mit jeder Minute wurden es mehr. Aus den Siedlungen kamen die Männer in Arbeitskleidung zur Zeche. Die Nachricht hatte sich schnell `rumgesprochen, keine Überzeugungsarbeit war nötig. Die Männer sagten: „Endlich ist es so weit."

Ich hatte zuerst ein komisches Gefühl, so eine Spannung im Bauch. Ich war unsicher, ob uns die Großdemonstration auch gelingt. Aber schon nach den ersten Rückmeldungen hat sich das gelegt. Mir war klar, dass wir uns durchsetzen können. Allein von unserer Zeche machten sich etwa fünftausend Bergleute auf den Weg. Einige Kollegen haben sich gar nicht mehr umgezogen, sondern sind mit ihren schwarzen Klamotten in den Bus gestiegen.

Wir mussten aufpassen, dass die Lage nicht eskalierte. Es gab ja schon damals bei der Demo in Bonn Mitte der 90er-Jahre einige nicht so schöne Aktionen, bei denen es zu Übergriffen kam. Überall, wo ein paar Männer zusammenstanden, begannen die Diskussionen. Aus dem Hintergrund gab es dann wieder Stimmen, wir sollten Knüppel mitnehmen. Das mussten wir unbedingt verhindern, um uns politisch durchzusetzen. Wir mussten unter allen Umständen die Steuerung behalten.

Während die Kumpel mit dem Bus nach Düsseldorf fuhren, sind ein paar Kollegen vom Betriebsrat und ich mit dem Auto los. Wir waren gespannt, ob unsere Strategie aufgeht. Wir kannten die Situation auf unserem Bergwerk. Wir hatten alle Männer dabei. Aber kamen auch von den anderen Standorten genug Leute?

Und konnten auch dort Ausschreitungen verhindert werden? Das Schlimmste ist diese Ungewissheit. Spielt die Polizei mit, wird sie uns am Landtag eine ruhige und friedliche Kundgebung machen lassen? Oder wird es zum Streit kommen? Werden einige Scharfmacher Randale im Landtag anzetteln?

Die Unruhe fiel aber ab, als wir von der A2 auf die A52 nach Düsseldorf eingebogen. Schon am Breitscheider Kreuz folgte ein Bus voller Bergleute dem nächsten Bus. Das war imposant. Dann begann die Demonstration. Zehntausende Männer waren da. Alles verlief friedlich. Die Scharfmacher blieben isoliert. Unser Gesamtbetriebsratschef Ludwig Ladzinski hat eine wundervolle Rede gehalten. Er war nicht nur überzeugt, das Richtige zu tun und zu verlangen. Er war richtig aufgebracht über den Wortbruch von Rüttgers. Jeder Mann auf dem Platz hat gespürt, dass es hier noch einmal um alles ging. Um den sozialverträglichen Ausstieg, um das Abwenden von Kündigungen. Wir mussten hier die Wende schaffen, um die Zukunft unserer Männer zu sichern.

Und unser Aufbäumen hat tatsächlich was gebracht. Schon wenige Stunden nach der Demonstration bekamen wir die ersten Signale, dass Rüttgers umkippt. Am Nachmittag hat er dann in einer Telefonkonferenz bestätigt, dass er seine Aussagen zurückzieht. Er hat den sozialverträglichen Ausstieg 2018 akzeptiert. Nach der Demonstration hatten noch einige Leute Hoffnung, dass der Bergbau über 2018 hinaus bestehen bleibt. Auch ich dachte, dass die vereinbarte Revisionsklausel 2012 kein Zückerchen ist, um uns ruhigzustellen, sondern dass diese Klausel eine echte Option auf einen Sockelbergbau[9] eröffnet, der noch viele Jahre hätte bestehen können. Doch in der Politik ändert sich so viel in fünf Jahren. Die Diskussion um die Energiewende begann und es wurde klar, dass wir die Revisionsklausel nicht ziehen können.

Im Rückblick war das Umknicken von Rüttgers nach unserer letzten Großdemonstration natürlich ein Erfolg. Doch trotzdem hatten wir damals und auch heute keinen Grund zum Feiern. Wir hatten tatsächlich das Ende des deutschen Steinkohlebergbaus beschlossen.

Ein Scheißgefühl.

[9] **Sockelbergbau:** *Die Bergarbeitergewerkschaft wollte zusammen mit der SPD durchsetzen, dass auf Jahrzehnte Subventionen in den Bergbau fließen. Mit den Milliarden sollten einige Zechen erhalten werden, die als Sockel der Energiesicherung in Deutschland dienen und den Zugang zu den Lagerstätten erhalten sollten.*

Mirko Skela, Jahrgang 1967, hat mit 250 Kollegen seine Ausbildung auf der Zeche angefangen. Aus seinem Jahrgang sind nur noch drei Mann auf der Grube. Der Rest ist ausgeschieden.

Bei einem Grubenbrand werden zwei Kumpel von Brandwettern überrascht. Es dauert zwei Jahre, bis sie geborgen werden können. Theo Körner war als Truppführer der Grubenwehr dabei und ist ein Stück durch die Hölle gegangen.

Man unterscheidet mehrere Arten von Wetter in einer Grube. „Reine Wetter“ wird die frische Arbeitsluft genannt, die unter Tage strömt, wenn alles rund läuft. Dann gibt es „matte Wetter“: Das ist Luft, die mit Kohlendioxid geschwängert ist. „Giftige Wetter“ nennt man Luft voller tödlicher Chemiegase, beispielsweise Formaldehyd oder Stickoxide. Und zum Schluss gibt es „methanhaltige Wetter“: ein Luft-Gas-Gemisch, das entsteht, wenn Grubengas aus der Kohle entweicht und sich langsam in der Grube verteilt. Erreicht das Gas eine Konzentration zwischen fünf und vierzehn Prozent, wird es gefährlich. Dann entzündet sich das Gemisch am ersten Funken, am ersten schleifenden Blech, am ersten gezogenen Stecker – und dann haben wir „schlagendes Wetter“. Die Grube steht in Flammen.

Das Schlimmste ist dabei nicht die Verpuffung des Gases, sondern die darauffolgende Explosion des Kohlenstaubs. Denn dieser Staub, der überall in der Zeche herumliegt, in den Flözen, unter den Bändern, in den Schächten, Strecken und Streben, dieser feine Kohlenstaub wird durch die Gasverpuffung aufgewirbelt und durch die Flammen der Schlagwetterexplosion gezündet! In einer Kettenreaktion schießt die explodierende Kohle durch die ganze Grube, wirbelt neuen Staub auf und zündet wieder und wieder, bis alles zerstört ist. Die Kraft des explodierenden Kohlenstaubes ist unbeschreiblich. Sie zerschmettert alles, was der Mensch gebaut hat. Selbst ganze Flöze kann der explodierende Staub entzünden. Steht aber die Kohle erst in Flammen, ist nichts mehr zu retten. Temperaturen von mehr als 2000 Grad, Metall schmilzt, Gummibänder und Verstrebungen lösen sich ohne Rückstände auf. Ein Grubenbrand ist die größte Katastrophe, die man sich auf einer Zeche vorstellen kann.

Auf der Zeche Jacobi, die Jahre später im Bottroper Bergwerk Prosper-Haniel aufgegangen ist, erlebten wir 1965 eine Kohlenstaubexplosion mit anschließendem Grubenbrand. Ich war dabei.

In einem Blindschacht war Methan verpufft, danach tobte eine Kohlenstaubexplosion durch das Grubenfeld. Zum Glück waren dort gerade nicht viele Männer unterwegs. Der Brand drohte auf das ganze Feld überzugreifen. Unsere Zechenleitung musste schnell handeln und entschied, die betroffenen Strecken „abzuwerfen“. Das bedeutet, alle Zugänge werden zugeschüttet, damit kein Sauerstoff mehr zu den Brandherden strömen kann. Nur so konnte das Feuer eingedämmt werden. Die Glut sollte ersticken. Leider saßen da noch zwei Kumpel in den Strecken. Und die blieben dort. Die Einsatzleitung musste diese schwere Entscheidung treffen, denn eine Rettung war nicht möglich. Der Brand war zu einem Inferno geworden. Die Bergung der Kumpel konnte erst nach dem Erlöschen des Feuers und Auskühlen der Grube angegangen werden.

Zwei Jahre blieben die Kumpel eingemauert – unsere Leute gruben daneben weiter nach Kohle –, erst dann konnten wir die Männer endlich holen. Ich war einer der Führer der Grubenwehr und war bei der Bergung im Einsatz. Mir war klar: Solch eine Aktion kannst du nur mit Freiwilligen durchziehen. Es wird gefährlich. Nach einem Grubenbrand ist unter Tage nichts mehr sicher. Strebe können einstürzen, Brandnester aufbrechen und Gase explodieren. Ich bin mit drei Trupps in die verlorenen Strecken gegangen. Jeweils ein Truppführer und vier Freiwillige. Nur Männer, auf die du dich in jeder Situation verlassen kannst. Wir haben die Mauer durchbrochen und sind vorgestoßen. Die Strecke war tödlich: Giftige Gase. Bullenhitze. Eine Hölle. Ohne Schutzanzüge wären wir innerhalb von Sekunden verreckt. Wir hatten Notleuchten dabei, Atemgeräte, Hacken und Äxte. Ein Trupp musste aufgeben. Die Männer kamen an den Rand ihrer körperlichen Belastbarkeit und sind zurück. Ich bin mit zwei Trupps weitergegangen. Mein Trupp vorne, einer in Reserve weiter hinten. Wir hatten Leichensäcke dabei, aber rechneten mit dem Schlimmsten. Ich dachte, wahrscheinlich finden wir nur noch die eingebrannten Schatten der Kumpel in der Streckenwand. Aber es kam anders.

Als wir die Kumpel entdeckten, saßen sie an einer Wand gelehnt, als würden sie Pause machen. Sie sahen aus, als sei nichts geschehen. Sie waren nicht verbrannt, ihre Sachen sahen intakt aus. Sie waren von der Hitze gebraten worden. Ihre Körper wurden nur noch von ihren Klamotten zusammengehalten. Als wir sie in die Leichensäcke legen wollten, zerfielen sie, sogar ihre Knochen zerfielen zu kleinen Haufen. Ihre Körper waren wie zersetztes Papier. Fast wie Mumien. Die Männer waren von den Wettern überrannt worden, die aus den Brandnestern herüberzogen. Fast zwei Jahre lang waren ihre Leichen Temperaturen von bis zu vierhundert Grad ausgesetzt. Wir hatten nur einen Trost: Wahrscheinlich war es ein schneller Tod. Ich nehme an, sie haben Kohlenmonoxid eingeatmet, das bei dem Grubenbrand entstanden war, bevor die Hitze kam.

Als ich auf der Zeche anfing, Anfang der 1950er-Jahre, war es normal, dass Menschen in den Schächten starben. Ich habe erlebt, wie Kollegen direkt neben mir von Felsen erschlagen wurden. Sogar einen guten Freund von mir hat es getroffen. Aber das nahmen wir damals als Bergmannslos hin. Wir kannten alle das Risiko. Der Tod konnte jederzeit kommen. Das hört sich zwar schrecklich an, hatte aber eine gute Seite: Die tägliche Gefahr machte uns vorsichtig. Mich hatten Plakate aus dem Bayerischen Wald ins Ruhrgebiet gelockt. Ich kann mich an eines sehr gut erinnern, mit dem Slogan: „Das Essen schmeckt, die Hose passt." Auf dem Plakat war auch ein Hundertmarkschein zu sehen, der aus der Tasche des Kumpels hing. Für mich war das der entscheidende Anreiz. Meine Familie hatte wenig Geld. Ich musste die höhere Schule aufgeben, weil meine beiden jüngeren Geschwister auch zur Schule sollten. Und drei Schulkinder, das konnte sich mein Vater nicht leisten. Ich habe gesagt: „Papa, ich hau ab. Ich melde mich freiwillig in den Bergbau." Mein Vater war entsetzt. Er hatte im Krieg als Berufsoffizier gedient und dachte, ich würde auch irgendwann Soldat werden. Ich aber wollte im Bergbau viel Geld machen, mir ein Motorrad – eine BMW 250 – kaufen und damit schnell wieder nach Hause fahren.

Die Tauglichkeitsprüfung für den Pütt habe ich gerade so überstanden. Ich war nach dem Krieg halb verhungert, mit 16 Jahren schmalbrüstig und das genaue Gegenteil vom Idealbild eines harten Arbeiters. Der Arzt fragte mich noch mit einem mitleidigen Blick, ob ich nicht lieber nach Hause wollte. Aber ich habe den Zug aus Bayern nach Norden in den Kohlenpott genommen. Mit anderen Jungs aus dem Süden bin ich morgens um vier Uhr in Essen-Heisingen angekommen und dann weitergefahren zu einem Lehrlingsheim in Oberhausen. Für mich war die Strecke der Vorhof zur Hölle. Die Kokereien fackelten Gas ab, es sah aus, als würde der Himmel brennen. Überall Flammen, Krach, Dreck und Kohlenstaub. Im Bayerischen Wald konnte ich abends die Hunde vom andern Berg bellen hören. Im Ruhrgebiet schrillten die Sirenen der Zechen.

Das Ankommen im Ruhrgebiet war schwierig. Ich bekam Heimweh und schon die erste Begegnung mit meinem Steiger geriet zum Reinfall. Ich sprach nur bayerisch. Ich habe an seinem Büro angeklopft, um mich vorzustellen. Ich nahm meine Mütze in die Hand und sagte: „Grüß Gott." Der Steiger hat mich kaum angesehen und gebrüllt: „Bei uns heißt das ‚Glück auf' Du gehst jetzt auf den Flur zurück und übst das. Dann kommst du noch mal rein." Ich schwor mir, dass ich höchstens drei Jahre im Ruhrgebiet bleibe, bis ich das Geld für meine BMW zusammenhabe.

Aber alles kam anders. Ich lernte Hochdeutsch, gewann das Ruhrgebiet ein kleines bisschen lieb und fand eine Frau, die sich zwar auf mein frisch gekauftes Motorrad gesetzt hat, aber auf keinen Fall in den Bayerischen Wald wollte. Ich biss mich auf der Zeche durch. Die niedrigsten Flöze[10], in denen ich arbeitete, waren etwa 90 Zentimeter hoch. Hätte man dort stehen können, hätte einem die Kohle gerade bis zum Oberschenkel gereicht. Arbeiten konnte ich dort nur im Liegen. Richtige Maloche. Der Krieg war zu Ende und etliche Nazis hatten sich im Bergbau versteckt. Draußen hätten sie unter Druck geraten können, aber im Bergbau waren sie sicher. Hier fragte keiner: „Was hast du getan?" Hier zählte nur, ob einer seinen Mann stehen konnte. Das reichte, um als guter Kerl zu gelten. Streit mit den Kommunisten gab es nicht. Nach dem Krieg war jedem klar, dass die Ideologie der Nazis falsch war. Wir Jungen haben ja gesehen, dass alles, was wir in der Schule und zu Hause gehört hatten, gelogen war.

*[10] **Flöze:** So heißen die kohleführenden Schichten unter Tage.*

Harte Arbeit war die einzige Währung im Bergbau, die zählte. Dabei musste man auch bereit sein, mal „Fünfe gerade sein" zu lassen. So hatte das Bergamt offiziell vorgeschrieben, wie viele Stempel[11] auf einem Quadratmeter stehen mussten. Doch wenn die Zeit knapp war, weil der Steiger sein Soll erfüllen musste, dann musste man halt auch mal was riskieren und weniger Stempel als vorgeschrieben setzen. Machte man das, wurde man der Gutmann für den Steiger. Bestand man aber auf den gesetzlichen Regeln, handelte man zwar korrekt, fand sich aber bald auf Nachtschicht oder auf einem Scheißjob wieder. So wurde ich zum Gutmann.

*[11] **Stempel:** Stützbalken, die nach dem Abbau der Kohle die Decken der Flöze halten, damit das Gebirge den Bergleuten nicht auf den Kopf fällt. Früher waren die Stempel aus Holz, dann aus Stahl. Heute werden sie kaum noch genutzt, stattdessen sichern nun Stahlschilder den Kohleabbau.*

Als ich später Steiger wurde, trug ich jahrelang die Verantwortung für die Wetterführung auf meinen Zechen. Die Belüftung einer Zeche funktioniert so: Im Prinzip werden zwei Schächte runtergetrieben. In den einen ziehen die frischen Wetter rein und auf der anderen Seite werden die verbrauchten

Wetter von einem großen Lüfter rausgezogen. Die Druckverhältnisse sorgen dafür, dass ein regelmäßiger Kreislauf entsteht. In der Grube werden die Wetter mit Türen und Schleusen durch die Strecken gelenkt, damit die frische Luft überall ankommt. Durch die Steuerung der Lüfter verhindert man, dass sich irgendwo gefährliche Gase sammeln. Die Lüfter sind deswegen mit Abstand die stärksten Maschinen auf einer Zeche. Sie können mehr Last bewegen, als Kohle an Seilen gefördert wird.

Gefährlich ist in den Wettern neben Methan vor allem Kohlenmonoxid und Kohlendioxid. Kohlenmonoxid setzt sich auf die roten Blutkörper und verdrängt den Sauerstoff. Schon ein tiefer Atemzug kann tödlich sein. Kohlendioxid erzeugt Euphorie. Die Leute wirken fröhlich berauscht und merken nicht, dass sie in Gefahr schweben. Sie kippen mehr oder weniger glücklich um und ersticken. Früher dachten Bergleute, sie könnten sich mit Vögeln in den Gruben vor den Gasen schützen. Ein Irrglaube. Die Vögel sind nur von ihren Stangen gefallen, wenn sie fürchterlich Kohldampf hatten. Ansonsten hätten sie vielleicht vor Kohlenmonoxid warnen können – aber da sind die Vögel genauso schnell gestorben wie die Menschen. Methan oder Kohlendioxid konnten die Vögel so wenig wahrnehmen, wie die Bergleute. Kanarienvögel in Bergwerken? Eine Mär. Damals konnte sich kein Bergmann Kanarienvögel leisten, die waren viel zu teuer. Die Bergleute haben stattdessen Finken und alles andere genommen, was sie fangen konnten. Die armen Vögel hockten dann in ihren Käfigen unter Tage.

Zum Glück sind im Laufe der Zeit verlässlichere Warngeräte entwickelt worden. Ich selbst habe auf eine dieser Benzinlampen geschworen, die Engländer entwickelt hatten, um Methanwerte in der Grube zu messen. Diese Lampe hat eine kleine Flamme in einem feinen Drahtnetz, das 144 Maschen je Quadratzentimeter hat. Das Gas dringt durch das Netz in die Lampe ein und verändert die Farbe der Flamme. Ein geübtes Auge erkennt sofort, wie viel Methan in der Luft ist. Ich benutzte die Lampe selbst dann noch, als meine ganze Grubenwarte voller elektronischer Messgeräte hing. Einfache Technik ist verlässlich. Und Verlässlichkeit ist das, was auf der Zeche neben harter Arbeit am meisten zählt.

Wettersteiger Theo Körner, Jahrgang 1936, kam als Jugendlicher 1951 aus dem Bayrischen Wald ins Ruhrgebiet, um sich sein erstes Motorrad zu verdienen. Als er es endlich hatte, fuhr er dennoch nicht zurück. Körner lebt heute in Oberhausen.

Prosper-Haniel

Wenn es in der Zeche brennt, wartet auf die Grubenwehr von Axel Kwiatkowksi das Inferno. Hitze, Dunkelheit, einstürzende Stollen – die Gefahren lauern auf jedem Meter. Wie beim letzten großen Feuer, als den Männern alles abverlangt wurde.

Ich glaube, wir stehen der Berufsfeuerwehr in nichts nach. Die Übungen in unserem Keller überstehen die wenigsten. Dabei kriechen die Jungs stundenlang mit vollem Atemschutzgerät durch vernebelte Teststollen, verausgaben sich am Hammerschlaggerät, einer Art „Hau den Lukas" für starke Männer, und schrauben in blinder Hitze Rettungsgerät zusammen. Meine Jungs sind gut ausgebildet. Und doch: In Situationen wie dem letzten großen Grubenbrand war es pures Glück, dass wir niemanden verloren haben. Eine Rauchwolke, wie sie am 12. März 2005 von Schacht IX in den Himmel aufstieg, hatte noch keiner von uns gesehen. Wir mussten da rein, wir mussten da runter, tausend Meter tief. Das ist unser Job bei der Grubenwehr: Brandbekämpfung unter Tage.

Bei der Grubenwehr bin ich schon so lange wie wohl nie jemand vor mir. Und das, obwohl ich eigentlich nie etwas mit der Zeche zu tun haben wollte. Alles, was ich als Bottroper Junge kannte, waren die Busse, in die Bergleute einstiegen. Diese Typen mit den weißen Augen und den weißen Zähnen. Ich hab nur gedacht: In so einen Bus setzt du dich niemals! Während alle meine Freunde unter Tage anfingen, bin ich einen anderen Weg gegangen und habe über Tage Dreher gelernt. Als Junggeselle habe ich mich damit auch ganz wohl gefühlt: eine Woche arbeiten, eine Woche Kurzarbeit. Da kann man nicht klagen. Auf dem Fußballplatz konnte ich mir noch ein paar D-Mark dazuverdienen. Mit Sterkrade 06/07 haben wir immerhin in der höchsten Amateurklasse gespielt.

Dann lernte ich meine Frau kennen und alles musste anders werden. Nun hieß es: Junge, „dickes Geld" verdienen. Als ich eines Tages an der Zeche vorbeifuhr, las ich die Schilder „Wir stellen ein". Meine Chance. Ich also hin zum Einstellungsbüro. Die haben wirklich jeden genommen, selbst mich. So fing ich 1982 im Maschinenbetrieb auf Schacht X an. Die Männer von der Grubenwehr haben mir gleich imponiert. Sie waren die Könige auf dem Bergwerk. Schon nach einem halben Jahr bewarb ich mich. Der Obergrubenführer hat mich aber nur ausgelacht:

„Bist du bekloppt? Oder was willst du hier?"

„Eure Truppe ist die Elitemannschaft, da will ich dabei sein."

„Lern erst mal was. Dann kannste wiederkommen."

Er ließ mich einfach stehen. Ich konnte es gar nicht fassen. Ich war jung und selbstbewusst und wollte einfach mitmachen. Zähneknirschend bin ich abgezogen. Auf Schicht am nächsten Tag grinsten die Kollegen: „Hätten wir dir gleich sagen können." So frisch auf dem Pütt und schon in der Grubenwehr – das gab es einfach nicht. Ich aber wollte die Niederlage nicht auf mir sitzen lassen. Also bin ich noch mal zum Obergrubenführer hin und hab wieder gesagt:

„Ich will hier rein. Überall steht geschrieben, dass ihr junge Leute sucht. Hier bin ich."

„Okay, du kommst auf die Warteliste. Platz 53." Das war natürlich lächerlich.

„Wie lange soll ich denn warten? Ich will was lernen, ich will JETZT mitmachen!"

Entweder bin ich ihm wahnsinnig auf die Nerven gegangen oder ich hatte einfach Glück. Jedenfalls hat er mich dann genommen. Mit 23 Jahren und ohne jede Ahnung, was da auf mich zukommen würde.

Als 2005 das Bergwerk brannte, war ich schon längst vom einfachen Wehrmann zum Hauptgerätewart aufgestiegen, dem einzigen hauptamtlichen Job in der Grubenwehr. Was uns erwartete, war heftiger, als wir uns hätten ausmalen können. Es war Samstagnacht, als der erste Alarm einging. Ich war gerade im Urlaub in Ruhpolding, beim Biathlon. Mit guten Freunden ließen wir den Abend auf einer Hütte ausklingen, als mein Handy blinkte: „Grubenwehralarm Bergwerk Prosper-Haniel" – die übliche Botschaft bei einem Einsatz. Es stellte sich aber schnell heraus, dass es ein Brand war, wie es ihn noch nie gegeben hatte. Aus der Distanz konnte ich wenig ausrichten, aber ich ahnte: Selbst wenn ich erst drei Tage später meinen Stellvertreter ablösen würde, gab es noch immer genug zu tun. Die Verpuffung muss enorm gewesen sein. In tausend Meter Tiefe verbrannte alles, was verbrennen konnte. Die Flammen ließen Eisen einfach verglühen, als hätte man es noch einmal in den Hochofen gesteckt. Das ist es, was ich meine, wenn ich von Glück rede: Niemand machte zu dieser Zeit Dienst auf der Strecke. Das hätte keiner überlebt. Nur zwei Minuten lang loderten die Flammen. Doch diese zwei Minuten zogen einen Einsatz nach sich, der drei Monate dauern sollte. Wir brauchten in dieser Zeit jeden Mann. Ich war froh, eine schlagkräftige Truppe zu haben, war froh über jeden, der sich reingehängt hat. Ich bin stolz, auch auf viele der ganz jungen Kerle.

Als ich noch einfacher Wehrmann war, ging es anders zu. Damals ist einer von den Alten vorgegangen, hat das Kommando gegeben. Dem hätte niemals jemand widersprochen. Wenn einer aus der zweiten Reihe gemeint hätte, es besser zu wissen, dann hätte es links und rechts eine gesetzt. So waren die Zeiten damals. Die Jungen reden heute viel mehr miteinander. Der Ton ist anders. Die Jungs, die heute hier reinkommen, begrüßen dich mit „Hi" oder „Moin". Den Gruß „Glück auf" benutzt kaum noch einer. Früher war das hier noch eine ganz verschworene Gemeinschaft. Bis tief in die Nacht haben die Alten in der Grubenwehr gesessen, den Tisch voller Bierdosen. Die konnten damals gar nicht verstehen, dass ich um neun Uhr nach Hause zu Frau und Kind musste. Wenn ich morgens wiederkam, saßen einige immer noch am Tisch. Das ist kein Scherz. Heute herrscht striktes Alkoholverbot.

Auch ich selbst habe vieles mit verändert, als ich als Hauptgerätewart die Verantwortung für die Truppe übernahm. Ich habe hier erst mal eine neue Ordnung durchgesetzt. Es ist überlebenswichtig, dass hier jeder technisches Gerät zur Verfügung hat, das einwandfrei funktioniert und sauber ist. Und für die Abläufe im Einsatzfall ist wichtig, dass jeder weiß, wo seine Sachen liegen. In meiner Grubenwehr hat jeder seinen eigenen Spint mit Namensschild. Früher gab es einen großen Wäschehaufen, wo sich jeder gegriffen hat, was er brauchte. Mein Vorgänger war herzensgut. Und dann kam ich an die Spitze. Ich wollte etwas bewegen. Ich bin anfangs mit dem Kopf richtig vor die Wand gelaufen. Mir war klar: Entweder du ziehst das jetzt durch oder du ziehst den Schwanz ein. War nicht immer leicht, aber ich hab meinen Weg gefunden.

Was den Brand 2005 auslöste, war hinterher nicht mehr festzustellen. Auf der Strecke lief ein großes Förderband, vermutlich ist da eine Rolle heiß gelaufen. So eine Rolle kann sich dann urplötzlich selbst entzünden. Der Sauerstoff im Kohlenstaub, der überall herumliegt, kann verpuffen, dann verbrennt alles im Umkreis mit einer Höllentemperatur. Sogar die Kohleflöze selbst können sich entzünden. Mit solchen Risiken lebt man unter Tage. Was uns vor Ort erwartete, wusste bei diesem Einsatz niemand. Wir kannten nur die Rauchschwaden. Um uns nicht zu gefährden, mussten wir wegen der Wetterführung über Schacht zehn anfahren – fünf Kilometer vom eigentlichen Feuer entfernt. Und uns unter Tage zum Brandherd vorkämpfen.

Die Anspannung war riesengroß. Je näher wir dem Ort des Geschehens kamen, desto heißer wurde es. Die erste Hürde waren große, schwere Eisentüren, die die Luftzirkulation im Bergwerk steuern. Diese Türen – noch immer hunderte Meter vom Brandherd entfernt – waren Stunden nach der Verpuffung immer noch glühend heiß. Da bleibst du stehen, beginnst zu ahnen, dass das Feuer hinter der Tür nicht nur das Förderband verschlungen hat, sondern alle Stützen, die den Berg tragen. Weiter geht es, langsam und vorsichtig.

Auch das Wasser, das in den Berg gepumpt wurde und den Männern nun entgegenkam, war kochend heiß. Die Jungs dachten, ihre Füße würden verbrennen. Sie waren eingeschüchtert, aber entschlossen. Meine Leute hatten ein verrücktes Tempo drauf. Die ersten drei waren vermutlich schon k. o., bevor sie das Feuer überhaupt gesehen haben. Wir haben weitere Leute hinuntergeschickt und uns dann Stück für Stück vorgearbeitet. Schon auf dem Weg mussten sie überall Glutnester löschen. Eine aufreibende Arbeit: Das ist ja nicht wie zu Hause, wo die Feuerwehr anrückt, einmal den Schlauch draufhält und das brennende Wohnzimmer löscht. Wenn wir einen Brand bekämpfen, müssen wir erst einmal kilometerlang Schläuche verlegen. Sämtliche Rohre, die Wasser nach unter Tage hätten bringen können, waren ja zerstört, alle Dichtungen geschmolzen.

Solange das Feuer brennt, müssen wir einfach da sein. Rund um die Uhr. Dann schiebst du eine Überstunde nach der anderen, pennst mal zwischendurch auf der Pritsche. Erst wenn das Feuer langsam aus ist und die oben sehen, dass alles unter Kontrolle kommt, fangen sie auf einmal an, sich um deine Gesundheit Sorgen zu machen. Der Monat hat ja eigentlich nur 30 Tage, wenn du aber in einem Einsatzmonat hochgerechnet vierzig Tage gearbeitet hast, weil du 17, 18 Stunden vor Ort warst, pochen die Chefs aufs Arbeitszeitgesetz. Solange das Feuer an ist, spielt das Arbeitszeitgesetz keine Rolle. Angesichts solcher Belastungen ist natürlich klar, dass der Zusammenhalt etwas besonders Wertvolles ist. Wer in unserer Truppe besonders gut ist und wer nur mitschwimmt, zeigt sich erst im Einsatz. Manche Leute hältst du vorher für die größten Pfeifen, und im Einsatz entwickeln die sich dann so, dass du vor denen einfach den Hut ziehst. Jeder hat schließlich Fehler und Macken. Aber manche Leute hat man einfach verkannt. Das weiß ich jetzt und das werde ich nie vergessen. Andere schreibst du ab: Luschen.

Der besondere Geist der Grubenwehr ist es, der mich immer noch gerne zur Arbeit kommen lässt – auch wenn so vieles im Bergbau den Bach runtergeht. Im Betrieb wird jeder Bergmann an seiner Leistung gemessen. Leistung ist gleichbedeutend mit der Menge an Kohle, die er fördert. Da bleibt keine Zeit für die jungen Leute, bei den Erfahrenen nachzufragen, warum welche Abläufe wie sind. Bei der Grubenwehr teilen wir unser Wissen, sitzen zusammen und reden über die Einsätze, über das Wie und Warum. Wenn die Leute in den Einsatz gehen, wissen sie: Uns erwartet nur Scheiße. Entweder sie stehen bis zur Hüfte im Wasser oder die Luft ist dünn wie sonst noch was. Und doch gehen die lachend rein und kommen auch lachend wieder raus. So ist es längst nicht mehr überall.

Seien wir doch mal ehrlich: Vieles von dem alten Zusammenhalt unter Tage ist längst vor die Hunde gegangen. 2018 ist hier Schluss. Das ist vorgegeben durch Politik und Unternehmen. Jeder, der seine Schäfchen im Trockenen hat, denkt nicht mehr an die anderen. Selbst die Älteren, die früher zu uns gehalten haben, sind jetzt weg. Wo du die Leute reden hörst: nur noch ein Gejammer. Die Leute haben nur noch Rechte, aber keine Pflichten mehr. So etwas gab es früher nicht. 1997 haben wir eine riesige Menschenkette gemacht, demonstriert für den Erhalt des Bergbaus, haben fünf Tage lang hier im Keller übernachtet, unseren Urlaub geopfert. Haben wir gerne gemacht. Ging ja um unsere Zukunft. Um die Stadt und um unsere Familien. 220.000 Menschen standen damals für uns ein. Über neunzig Kilometer lang war das Band der Solidarität quer durchs Revier. Heute? Heute würde eine solche Menschenkette nicht mal von hier bis zur Autobahn reichen.

Dabei müsste die Solidarität doch viel größer sein. Was ist denn mit den vielen hochqualifizierten Menschen? Natürlich heißt es immer, dass sie weitervermittelt werden. Aber was bringt es einem jungen Kerl Mitte 20, wenn das neue Angebot eine Stelle in Kassel ist? So einfach geht das doch nicht, wenn er hier Familie, eine Frau und Kinder hat. Bei der Bahn wird es Stellen geben, heißt es. Doch sind das alles Stellen für unsere hochqualifizierten Kräfte? Ich wage das zu bezweifeln. Wofür hab ich die Leute so gut ausgebildet, wenn es nachher ihre Aufgabe ist, Gleise zu fegen? Ich glaube nicht, dass sich da viele Leute Gedanken drüber machen.

Und die Lobby der Leute aus unserer Stadt, die wird Stück für Stück untergraben und zerstört. Einfaches Beispiel: Wenn wir hier Festivitäten auf der Zeche haben, dann ordern wir unsere Brötchen nicht mehr hier beim Bäcker um die Ecke. Nein, wir haben einen Caterer aus Gelsenkirchen. Da läuft doch was falsch! Warum soll ich nicht, solange es dieses Bergwerk gibt, meine Brötchen beim Bäcker an der Zeche kaufen? Das wäre vielleicht ein Mann, der auch mit uns auf die Straße geht. Dem Caterer aus Gelsenkirchen ist doch egal, was mit uns passiert.

Axel Kwiatkowski, Jahrgang 1960, hat mit 22 Jahren auf der Grube angefangen. Seine Leidenschaft galt neben dem Feuerlöschen unter Tage schon immer dem Fußball. Mit seinem Club Sterkrade 06/07 brachte er es bis in die Verbandsliga.

Das Maß ist für die Kumpel voll – und ein breiter Protest der Bergleute schiebt im März 1997 in die Bundeshauptstadt Bonn. Viele demonstrieren mit ihren Motorrädern. Frank Sommer fährt mit seiner Honda vorneweg. Hinter ihm: eine Autobahn voller Wut.

Wäre es nach meiner Mutter gegangen, hätte ich nie Bergmann werden sollen. Ich war noch ein Junge, ging in die dritte Klasse, als mein Vater unter Tage tödlich verunglückte. Ein paar Tage vor Weihnachten. Was genau passiert ist, weiß niemand so genau. Die Hauer, die erst mit meinem Vater, dann später mit mir zusammengearbeitet haben, sprachen nur ungern über den Unfall. So bleibt mir bis heute nur die offizielle Version, die ich schon als Kind immer zu hören bekam: Mein Vater – er war Schachthauer[12] auf Haniel – wartete nach Ende der Schicht auf seinen Feierabend. Seine Kollegen hatten ihn abholen wollen und sind hinuntergefahren auf die vierte Sohle. Doch dort fanden sie nur einen Helm und viel Blut.

[12] *Schachthauer: ein Bergmann, der senkrechte Schächte in die Tiefe treibt. Die Schächte im Ruhrgebiet sind mehr als tausend Meter tief.*

Es heißt, mein Vater habe beim Warten in den Schacht geschaut und wurde dann vom Sog eines hinabrauschenden Korbes in das Loch gerissen. An der speziellen Stelle geht es mehr als vierhundert Meter in die Tiefe. Unten kommst du nicht mehr in einem Stück an. In dem Schacht gibt es Verwirbelungen und etliche Querverstrebungen. Die Hauer sagten, sie hätten von meinem Vater nicht viel mehr gefunden, als in eine halbe Plastiktüte passt.

Meine Mutter wollte nicht auch noch ihren Sohn an den Bergbau verlieren. Sie hat mir deshalb eine Ausbildungsstelle bei einem Elektroinstallateur um die Ecke besorgt. Ich sollte bloß nicht in die Grube. Ich begann meine Lehre bei dem Krauter, während meine Freunde zur Zeche gingen. Für mich war es nicht leicht. Ich gehörte nicht mehr richtig dazu. Außerdem haben die Jungs da unten gutes Geld verdient. Viel mehr, als ich über Tage machen konnte.

Als ich achtzehn wurde und selbst entscheiden durfte, hingen auf der Zeche wieder diese Schilder: „Bergleute gesucht!“ Zum Entsetzen meiner Mutter bewarb ich mich sofort. Auf der Zeche haben sie mich erkannt: „Du bist doch der Sohn vom Sighard!“ Es war kein Thema, ob ich unter Tage anfangen konnte. Sie wollten mich am liebsten sofort, doch ich musste zuerst zur Bundeswehr. Während ich diente, wurden die Werbeschilder überklebt. „Einstellungsstopp“ hieß es jetzt. Zum Glück hatte ich aber schon einen Vertrag unterschrieben. Direkt nach Ende des Wehrdienstes konnte ich im Bergbau anfangen.

So, wie ich damals kämpfen musste, Bergmann zu werden, kämpfte ich viele Jahre später darum, Bergmann zu bleiben. Doch dieses Mal ging es nicht um mich allein, sondern um zehntausende Kumpel im Revier. Ich hatte inzwischen ein bisschen Gewerkschaftskarriere gemacht und kriegte so aus erster Hand mit, was politisch im Gange war. Die 1990er waren die Jahre, in denen uns klar wurde, dass wir für die Absicherung unserer Zukunft kämpfen mussten. In der Mannschaft rumorte es. Als der „Dicke", wie wir Bundeskanzler Helmut Kohl nannten, zusammen mit der FDP die Subventionen für den Bergbau kürzen wollte, war die Wut groß. Und wir wollten was dagegen tun. Mit Tausenden haben wir den „Dicken" in Bonn besucht, auf Motorrädern. Aber der Reihe nach.

Dass ein Junge wie ich Motorrad fahren würde, war genauso zwangsläufig, wie mein Weg in die Zeche. Alle Nachbarskinder, Schulfreunde und Kollegen aus Bottrop-Fuhlenbrock, wo ich immer gelebt habe, fuhren Motorrad. Angefangen haben wir Jungs mit frisierten Mopeds, und bevor ich achtzehn wurde, stand meine erste richtige Maschine vor der Tür. Eine Honda CX 500, gebraucht. Sie hat ganz schön viel hergemacht für ihren Preis. Die CX hatte zwar nur 500 Kubik, sah aber aus wie eine 1000er. Als später meine Kinder klein waren, bin ich vom Motorrad vorübergehend auf Kinderwagen umgestiegen. Aber um ehrlich zu sein: Ich habe das kaum drei Jahre ausgehalten. Mich hat es nervös gemacht, beim Autofahren immer die schönen Karren zu sehen. Meine Frau hatte Erbarmen und ich kaufte mir eine Honda K 750, mit zwei Auspuffrohren an jeder Seite. Eine richtige Rennmaschine. Als mir die dann zu klein wurde, kam die ZZR 1100. Wenn man sich flach macht, läuft die ziemlich flott. 130 PS eben. 300 Stundenkilometer auf dem Tacho, das haben wir getestet. Meine Frau hatte jedes Mal Angst, wenn ich damit gefahren bin. Heute fahre ich eine K 1200 LT.

Auch damals, 1997, als wir nach Bonn aufbrachen, war meiner Frau mulmig zumute – aber aus anderen Gründen. Auf unseren Halden brannten Mahnfeuer. Immer öfter kam es zu spontanen Aktionen. Die Schicht wurde später angefahren, weil die Bergleute zu ihren Betriebsräten gingen und fragten: „Was passiert jetzt mit uns? Müssen wir uns alle einen neuen Job suchen?" Helmut Kohl und die FDP wollten den Bergbau plattmachen.

Ich wollte mit ein paar Kumpels unsere protestierenden Kollegen vor anderen Schachtanlagen besuchen und ein Zeichen der Solidarität setzen. Schnell war klar: Wir marschieren nicht da hin, wir nehmen die Karren. Die fetten Motoren machen mehr Eindruck als Stiefel. Wir haben ein paar Aushänge gemacht. Wer ein Motorrad hatte, sollte uns auf unserer Protestfahrt begleiten. Wir Bergleute erwarteten damals von den Regierenden ein klares Bekenntnis zum Bergbau. Doch die Politik tat nichts. Der „Dicke" hatte leere Versprechungen gemacht, die FDP in der Koalition rückte immer weiter von getroffenen Vereinbarungen ab. Irgendwann kamen wir uns verarscht vor.

War das der Dank für unsere Maloche?

Mein Schicksal war nur eines von vielen. Wir alle im Revier hatten hart für unser kleines Glück gekämpft. Für mein Reihenhäuschen in Fuhlenbrock habe ich dreizehn Jahre lang nach der Nachtschicht tagsüber noch gearbeitet, als Schlepper für die Bäuerliche Genossenschaft. Saatgut ausgeliefert, die schweren Doppelzentnersäcke verladen und Heizkohle in die Keller geschippt. Das war Knochenarbeit, vor allem, wenn du nachts eine Schicht unter Tage hinter dir hattest. Aber das Schöne war: Einmal in der Woche gab es eine Lohntüte. Da wusste man, wofür man sich quält.

Auch unter Tage haben wir immer alles gegeben und unser Leben riskiert. Ich war 24, als ich das erste Unglück miterlebte. Ich hatte gerade meine Zeit im Lehrrevier hinter mir. Als Bergfremder kannst du nicht einfach loslegen, sondern musst zunächst die Sprache der Bergleute lernen: Was oben eine Leiter ist, ist hier unten eine Fahrte, oben spricht man von Steigung, unten von Gon. Ein Bergfremder muss lernen, wie man sich im Gefahrenfall richtig verhält. Wann lauf ich gegen, wann mit der Wetterrichtung.

Als ich Bescheid wusste, habe ich dann im Streckenvortrieb gearbeitet, dort, wo die Strecke freigesprengt wird, um an neue Kohlevorräte zu kommen. Zuerst kommt ein Sprengmeister, der seine Munition setzt und sprengt. Wenn der „Knall" durch ist, kontrolliert ein Beauftragter einer Fremdfirma, ob wirklich alle Sprengsätze gezündet haben. Sobald er die Strecke freigibt, müssen die Kumpel rein und der Ausbau geht weiter. Dabei ist es passiert. Ein großer Fels, wir nennen so etwas „Sargdeckel", hat sich gelöst und ist einem Mann auf den Kopf gefallen. Er war sofort tot. Wenn so ein Unglück passiert, steht natürlich alles still. Trotzdem haben wir unseren Job weitergemacht.

Und nun, 1997, wollte uns die Politik abschaffen? Schon bei der ersten Fahrt von Mahnfeuer zu Mahnfeuer beteiligten sich siebzig, achtzig Kumpel. Von da an wurde unser Protest zum Selbstläufer. Wer uns damals als Truppe kommen sah, dachte: „Das nächste Mal fahre ich mit." Wir wurden immer mehr. Bald hörten wir von anderen Bergwerken, in Dorsten, in Herten, dass die Kumpels auch dort fuhren. Im Revier waren wir eine Macht auf schweren Maschinen.

Am Ende hatten wir allein in Haniel eine Truppe von zweihundert Männern. Das hat sich immer weiter hochgeschaukelt. Wir haben auch unsere Kollegen damals mit einem Trupp begleitet, als sie vor die Bottroper CDU-Zentrale gezogen sind und einen großen Wagen Kohle vor der Eingangstür abgekippt haben. In der Politik ist das wie in der Kindererziehung: Wenn ich etwas androhe, muss ich auch die Konsequenz ziehen. Sonst ist das nur Schaumschlägerei. Und unsere Konsequenz war: Wenn nichts passiert, kommen wir mit allen Bergleuten nach Bonn und tragen dort unser Anliegen vor. Es passierte nichts. Im Gegenteil: Der damalige große Vorsitzende der IG Bergbau, Hans Berger, hat den Mund aufgemacht und wurde von den Politikern nur belächelt. Für uns war es das Signal: Jetzt tragen wir unsere Wut nach Bonn! Es war an der Zeit, denen zu zeigen, dass Solidarität unter Bergleuten wirklich etwas bedeutet. Es musste schnell gehen. Wir organisierten Busse für das „Fußvolk" und mobilisierten Bergleute auf den Motorrädern.

13. März 1997, ein kalter und nebeliger Samstag: Die Polizei hatte den großen Parkplatz am Kreuz Kaiserberg zum zentralen Treffpunkt für alle Bergleute aus dem Revier ausgewählt. Die hatten die stille Hoffnung, dass sich da ein paar hundert Leute einfinden und die Sache damit erledigt sein würde. Doch so kam es nicht: Ein Trupp nach dem anderen rollte ein. Nach kurzer Zeit standen unsere Maschinen bis zur Kreuzung, es ging weder vor noch zurück und wir hatten Meldung, dass noch weitere Truppen unterwegs waren. Allein von Haniel machten dreihundert Bergleute mit. Als Anführer meiner Haniel-Leute führte ich hier das erste Gespräch mit der Einsatzleitung der Polizei. Die suchten Verantwortliche, die ihre Leute wenigstens etwas unter Kontrolle hatten. Die Polizei legte uns schriftlich vor, was wir zu tun und was wir zu lassen hatten. Nur: Bei so einer Meute war nicht mehr viel zu machen mit Vorschriften.

Per Megafon forderte mein Kollege die Kumpel auf, mitgebrachte Baseballschläger und Schlagstöcke abzugeben. „Wir sind eine Macht, wir sind aber keine randalierende Macht“, haben wir gepredigt, weil wir wussten, dass es einige aufgebrachte Kumpel gab, die ihre Knüppel dabeihatten. Wir mussten so reden, auch wenn wir nicht garantieren konnten, dass die Sache nicht aus dem Ruder läuft. Das volle Ausmaß der Protestbewegung begriff ich erst, als wir auf die Autobahn fuhren und ich hinter dem Duisburger Kreuz einmal nach hinten blicken konnte. Wir haben das ganze Kreuz dichtgemacht, für die Autofahrer ging gar nichts mehr. Richtung Köln runter, wo die Bahn dreispurig ist, reihte sich Motorrad an Motorrad. Von den Autofahrern kam beides: Solidaritätshupen, aber auch erboste Kommentare, von Leuten, die vielleicht in Düsseldorf ihren Flieger bekommen wollten und kein Verständnis hatten.

Der Zug war knapp drei Kilometer lang. Ein Motorrad nach dem anderen. Das war selbst für mich erschreckend, weil ich mir gar nicht vorstellen mochte, was passierte, wenn man die Jungs nicht mehr unter Kontrolle hat. Wir sollten direkt hinter der Polizei herfahren. Der Weg führte zunächst nach Königsforst, wo wir einen Tankstopp und eine Toilettenpause einlegten. Mit mehr als 3000 Mann. Die Polizei hatte gehofft, die Autobahn freigeben zu können, solange wir auf dem eigens für uns geräumten Rastplatz sind. Aber wir hatten dort nicht genug Platz und so blieb die Autobahn dicht. Dann kamen die Saarländer Kumpel und eine Verbrüderung folgte, das war natürlich emotional. Noch ein paar hundert Mann auf ihren Motorrädern. Ein unbegreiflicher Lärm, wenn die Maschinen vorbeiheulten. Da sind Rockerclubs ein Furz gegen.

In der Hauptstadt wäre die Lage dann um ein Haar eskaliert. Ganz bewusst hat uns die Polizei an der Nase herumgeführt: Immer schön im Kreis auf der Autobahn um Bonn herum. Wer nur fuhr, hat das vielleicht gar nicht so mitgekriegt. Wir vorne aber haben ziemlich bald verstanden und den Polizeiwagen gestoppt. „Entweder werden wir jetzt sofort zu unseren demonstrierenden Kollegen in Bonn geleitet – auf direktem Wege. Oder wir geben die Verantwortung ab.“ Die Polizisten blickten auf den Tross, der kein Ende nehmen wollte. Wir sagten: „Um die Kollegen dürft ihr euch dann kümmern. Bevor wir nach Hause fahren, sagen wir denen aber noch, dass ihr uns vereimert habt. Was dann kommt: euer Problem.“ Die Drohung saß.

Wir passierten ein großes Gelände vor den Stadttoren, wo die Bereitschaftspolizei wartete. Aus ganz Deutschland hatte man Einsatzkräfte zusammengezogen. Da standen viele, die mit Bergbau wenig am Hut hatten und sich wohl morgens beim Frühstück noch gedacht hatten: „Das regeln wir. Alles easy." In den Augen dieser Männer stand jetzt das blanke Entsetzen. Als tausende Bergleute mit einem Höllenlärm Maschine für Maschine an denen vorbeiknatterten, wird jedem Einzelnen klar gewesen sein: Wenn etwas schiefläuft, gibt es ein Riesenproblem.

Am Horizont konnten wir zehntausende Kollegen sehen, die mit dem Bus gekommen waren. Der Bereitschaftswagen, den wir nicht überholen durften, stoppte. Eine große Allee führte in die Innenstadt, wo die Kundgebung stattfinden sollte. Plötzlich gab die Polizei die Order, dass wir alle unsere Motorräder auf dem Grünstreifen der Allee abstellen und dann zu Fuß zum Demonstrationszug laufen sollten. Das war natürlich ein dickes Ding. Während ich noch überlegte, was ich sagen sollte, löste sich einer unserer Bergleute aus der Spitze des Trosses. Er kam mit seiner giftgrünen Intruder angeknattert, hielt kurz auf Höhe des Polizeiwagens und rief: „Da sind unsere Kollegen, ich bleib doch nicht hier stehen." Daraufhin zog er auch schon am Polizeiwagen vorbei. Ein Kumpel nach dem anderen drehte am Gashebel. Die Dämme brachen. Ich hab nur zu den Polizisten gesagt: „Ich kann die nicht allein fahren lassen, ich muss mit." Es gab kein Halten mehr.

Die Marschierer freuten sich riesig, als sie uns sahen. Wir wurden gebraucht, als lärmende Kulisse und als eine Art Schutzwall für die Bühne, wo auch Redner auftraten, die dem Bergbau nicht wohlgesonnen waren. Die Stimmung in der Stadt war sehr aufgewühlt. Wir waren alle wütend. Wenn man dann vor Ort sieht, dass man so viele Gleichgesinnte hat, dass so viele für die gemeinsame Sache kämpfen, setzt das Adrenalin frei. Etliche haben die Absperrungen durchbrochen und sind rein in die Bannmeile. Das hätte richtig explodieren können.

Wir Motorradfahrer postierten uns direkt vor der Rednerbühne. Mit körperlicher Kraft mussten wir den ein oder anderen zurückhalten. Als Bergmänner unter Bergmännern konnten wir einschreiten und die Leute beruhigen. Eine falsche Aktion der Polizei – und die Masse wäre explodiert. Die Wut der

Kumpel richtete sich gegen die gesamte Politik. Selbst als Oskar Lanfontaine sprach, dessen SPD uns ja unterstützte, konnten die Leute kaum beruhigt werden. Neben mir sagte einer: „Jetzt geht der Wahlkampf wieder los.“ Wir wollten klare Ansagen, deutliche Worte, wie es um unsere Zukunft steht. Kein Politikergeschwafel. In meiner Erinnerung war Joschka Fischer der Einzige, der den richtigen Ton traf. Er sprach, wie ein Bergmann spricht, und hat uns gefragt, ob wir uns jetzt hier vom „Dicken“ provozieren und vorführen lassen wollen? „Macht keinen Scheiß, beruhigt euch“, das war die Botschaft. Er war einer der wenigen, dessen Worte überhaupt ankamen.

Später hörten wir Signale, dass hinter verschlossenen Türen Zugeständnisse gemacht wurden. Der Protest löste sich auf. Wir sind dann nach Hause gefahren. Wir waren nicht enttäuscht. Zwar haben wir den Bergbau nicht retten können, aber wir haben erreicht, dass kein Bergmann ins Bergfreie gefallen ist. So war das damals. Die Frage, ob der Bergbau eine Zukunft hat, hat das Geld für uns entschieden. Ich bin vor einem Jahr in den Vorruhestand geschickt worden. Wer sagt: „Freu dich doch!“, hat vielleicht Recht damit, dass ich nun viel Freizeit habe. Aber er vergisst, dass ich mit wenig Geld auskommen muss. Eine Absicherung, wie sie meine Mutter als Bergbauwitwe bekam, gibt es heute nicht mehr.

Frank Sommer, Jahrgang 1961, ist Bergmann, Betriebsrat und Biker. Sein Reihenhaus in Bottrop-Fuhlenbrock hat er mit Nachtschichten und einem Nebenjob als Schlepper für die Bäuerliche Bezugsgenossenschaft finanziert.

FREMDES GEDINGE

Im hohen Norden von Russland gibt es nicht viel. Aber ein großes Bergwerk, auf dem Klaudius Kollassa seinen russischen Kollegen zeigte, wie ein Hobel funktioniert. Ein Abenteuer mit Kälte, einsamen Weiten und der Herzlichkeit russischer Kumpel.

In Workuta am Eismeer, tief in Sibirien, wird es kalt. Sehr kalt. Wir haben schon Temperaturen von minus vierzig Grad und weniger gemessen. Selbst unter Tage, in achthundert Meter Tiefe, waren es nur sechzehn Grad. Die blasen warme Luft in die Schächte, sonst würde gar nichts gehen. Ich war vor Ort, um den Russen neue Technik zu bringen und zu zeigen, wie wir in Bottrop arbeiten.

Natürlich sind die Verhältnisse in Workuta ganz andere als im Ruhrgebiet. Die Stadt und die Pütts liegen am Polarkreis. Im Winter kalt wie in der Tiefkühltruhe, im Sommer Mücken und Schlamm. Immer schlecht. Workuta war früher ein Lager des Gulag-Systems: Deutsche Kriegsgefangene und Menschen, die aus verschiedenen Gründen von den Kommunisten verschleppt worden waren, mussten Tag und Nacht die Schachtanlage bauen und Kohle scheppen, bis sie verreckten. Heute arbeiten die Leute dort freiwillig. In der großen Schachtanlage sind über zweitausend Mann beschäftigt.

Ich war als Bottroper Bergmann dort, um die Kumpel vor Ort auf einer Hobelmaschine zu schulen. Das ist eine große Anlage unter Tage, die schnell viel Kohle machen kann. Die Russen hatten den Hobel in Deutschland gekauft, doch deren Bergmänner hatten noch nie in ihrem Leben gehobelt. Das sollte ich denen beibringen. Ich selbst bin in Polen geboren und erst spät mit meinen Eltern nach Deutschland ausgewandert. Ich kann Russisch recht gut verstehen. Das Sprechen fällt mir allerdings schwer. Aber in der Regel komme ich mit ein paar Brocken klar.

Wir sind von Deutschland nach Moskau geflogen und von da aus mit dem Zug weiter nach Workuta gefahren. Die Fahrt dauerte 46 Stunden. Wir hätten auch fliegen können. Aber die russischen Kumpel hatten gesagt: „Wenn du lange leben willst, dann fahr lieber mit dem Zug." Ich hab den Kumpeln vertraut. Wenn die das sagen, wird es schon stimmen. Der Zug war nicht gerade ein Intercity-Express. Der bummelte, mit Kohle beheizt, gemütlich nach Norden. Wir hatten ein eigenes Abteil, Fenster aufmachen ging nicht. Es war so heiß, dass wir nicht schlafen konnten. Wie in einer Sauna. Ich bin zur Zugbegleiterin gegangen und habe gesagt: „Hören Sie mal, was ist denn das, das kann man ja gar nicht aushalten!" Kälter wurde es trotzdem nicht.

Die Gegend, durch die man fährt, ist beeindruckend. Zuerst kleine Städtchen, dann schöne kleine Dörfchen, die aussehen wie Kulissen aus dem 18. Jahrhundert. Dann kommen Wälder: jede Menge große Bäume, dicke Bäume, dann dünne Bäume, runde Bäume, viele Bäume. Dann werden die Bäume klein, dann lichter, dann sind sie weg. Dann liegt nur noch Schnee. Schnee.

Im Abteil ist Rauchen verboten, aber auf den Plattformen, wo die Waggons zusammengekuppelt sind, kann man sich hinstellen. Da stand ich hin und wieder auf einer Stahlplatte über den Kupplungen und habe eine geraucht. Rechts und links nichts als Schnee. So weit das Auge reicht: Schnee. Kein Baum, kein Strauch, nur Schnee. Dann läuft plötzlich ein Mann mit einem Jagdgewehr durch das Nichts. Der Zug fährt vorbei, ich rauche, und hinter dem Mann mit dem Jagdgewehr wieder nichts: nur Schnee. Ich weiß nicht woher der gekommen ist, wohin der gegangen ist.

Die haben damals die Gulag-Lager nicht mal bewacht, weil die Russen wussten, dass niemand abhauen kann. Im Winter sowieso nicht. Und im Sommer sind da nur Sümpfe. Auf eigene Faust von Workuta wegzukommen, ist schon mit dem Zug ein Abenteuer. Als wir ankamen, habe ich mich gewundert. Das Stadtbild hat mich ein wenig an jenes Polen erinnert, das ich als Zehnjähriger verlassen konnte: die gleiche Armut, die gleiche Trostlosigkeit – im Winter zwar nicht ganz so kalt, aber genauso unerbittlich. In der Luft lag ein düsterer Schwefelgeruch, überall tauchten dichte, stinkende Wolken auf. Wie in einer Endzeit-Verfilmung. Die Straßen waren unglaublich. Ein Kollege sagte zu mir: „Sei froh, dass du nicht im Sommer hier bist." Überall Schlaglöcher, die man nur deshalb nicht sah, weil sie mit Eis vollgepackt waren, dazu hauen sie dicke Asche auf die Straßen. Die Russen sind mit ihren Autos drübergebrettert. Spikes haben sie in der Linie gehalten. Wenn du da in eine Kurve kommst, ruckelt das ordentlich. Aber egal, rechts lenken, links lenken, dann geht das schon irgendwie. Dafür ist jede Frontscheibe im Auto kaputt. Jede. Ursache sind nicht nur die fliegenden Steine, sondern vor allem die extremen Temperaturunterschiede am Polarkreis. Die Einwohner da kennen nur zwei Temperaturen: arschkalt oder sauheiß. Selbst die Autos haben eine Zusatzheizung, die voll aufgedreht wird. Egal, wo man einsteigt oder reingeht, schlägt einem Hitze wie eine Faust entgegen. Wie im Zug.

Wir sind dann zur Zeche gefahren. Überall auf dem Weg lagen dampfende Halden, aus denen Schwefelwolken aufstiegen. Eine stinkende Nebelwand.

Die Russen haben hoch im Norden eine veraltete Kohlewäsche. Die trennt die Kohle nicht richtig vom Gestein. Ich schätze, die Russen kippen mindestens vierzig Prozent Kohle zusammen mit dem tauben Gestein auf ihre Halden. Irgendwann entzündet sich die Kohle in den Halden. Und wenn so eine Halde einmal angefangen hat zu brennen, dann brennt sie. Rund um Workuta gibt es riesige Flächen mit brennenden Halden. Über den Zechen und über der Stadt liegt dichter Nebel und ein beißender Schwefelgeruch. Ich kann nicht sagen, wie groß das Gelände ist, das mehr oder weniger in Flammen steht. Wenn die Sonne für wenige Stunden am Tag aufgeht, hast du in Workuta kaum etwas davon. Du siehst die Sonne im Nebel sowieso nicht. Da muss man sich dran gewöhnen.

Nicht alle Kollegen, die auf solche Auslandseinsätze geschickt werden, halten das aus. Ich kenne Kumpel, die sind nach wenigen Tagen direkt wieder nach Hause gefahren. Denen war alles zu viel: Das war zu fern der Heimat, zu anders, zu fremd. Ich blieb vier Wochen in Warkuta, auf der Anlage Severnaja. Auf der Zeche stehen Sicherheitsleute direkt am Schacht. Die Wachmänner passen auf, dass dort niemand besoffen anfährt. Sie passen am Tor auf, damit niemand was klaut, sie passen überall auf.

Als wir einfuhren, bin ich in den ersten zwei Tagen angeschaut worden wie ein Außerirdischer. Da hat sich wenig Kontakt ergeben. Wenn man neu ist, ist das normal – und wer sich dann normal verhält, wird schnell akzeptiert. Mir macht die Fremde nichts aus. Ich habe direkt nach der Schule, mit zarten siebzehn Jahren, auf Prosper in Bottrop angefangen. Das war 1981, da war ich erst drei Jahre in Deutschland. Heute bin ich Strebmeister, also die rechte Hand vom Reviersteiger. Mein älterer Bruder war auch schon in Polen unter Tage, mein jüngerer Bruder ist nach Australien ausgewandert. Ich habe zwei Kinder und schon eine Enkelin. Normalerweise wäre ich bereits in Rente. Aber noch werde ich gebraucht. Später werde ich in Kurzarbeit gehen und mir dann was auf 400-Euro-Basis suchen. Zu Hause sitzen? Will ich nicht.

In Workuta hatte ich unter Tage eine Dolmetscherin dabei, aber was nutzt mir jemand, der sich zwar sehr viel Mühe gibt, aber die Fachbegriffe nicht kennt? Die Frau, eigentlich noch ein Mädchen, die sie aus einer Schule genommen hatten, konnte zum Beispiel „Bodenmeißel" nicht übersetzen. Sie musste das umständlich umschreiben. Da haben die Kollegen natürlich was ganz anderes verstanden. Ich musste die ganze Zeit auf dieses Mädchen aufpassen. Die war zum ersten Mal unter Tage. Andauernd habe ich mich gefragt: Wo krabbelt die denn jetzt hin? Hoffentlich kommt die nicht unter die Kufen! Schließlich hatte ich die Nase voll. Ich habe zu ihr gesagt: „Mädchen, du bleibst oben beim Steuerstand. Wenn was Wichtiges ist, ruf ich dich über die Grubentelefone an."

Ich bin dann mit meinen paar Brocken Russisch selbst zurechtgekommen. Drei Viertel verstehe ich, den Rest kann man mit Füßen und Händen erklären. Große Missverständnisse sind ausgeblieben. Immer noch besser, als auf ein Mädchen im Streb achtzugeben. Die Sicherheitsbedingungen in der russischen Zeche erinnern an unsere in den 1970er-Jahren. Die Flöze haben eine Mächtigkeit von vielleicht 90 Zentimetern. Abgebaut wurde mit veralteten Walzensystemen. Mit unserem Hobel lief das schon besser. Damit konnten die Kollegen schöne saubere Kohle abbauen – ohne diese Unmengen an Gestein, die draußen auf die Halden gekippt werden.

Aber die Hobel sind ja nicht alles. Um ehrlich zu sein, fehlt denen in Workuta die Infrastruktur für unsere hocheffizienten Maschinen. Ich will das mal so vergleichen: Die haben sich einen Porsche gekauft, aber nur einen Feldweg zum Ausfahren. Unsere Anlage passte gar nicht richtig in die Strecken. Allein die Motoren: viel zu groß. Ich habe mich echt gewundert: Wie haben die das in den Berg gekriegt? Einzige Erklärung ist, dass sie die schweren Klamotten in Einzelteilen reingefahren haben. Abenteuerlich. Ich vermute, die haben das mit alten Haspeln stückweise in den Berg geschleppt und dann vor Ort zusammengebastelt. Das kriegt auch nicht jeder hin. Hut ab.

Mit den Kollegen habe ich mich sehr gut verstanden. Als die mitgekriegt haben, dass ich ein bisschen Russisch spreche, fingen die gleich an zu quasseln. Das Essen war richtig was für mich. Kochen können die Kollegen. Zunächst kriegt jeder Bergmann in Workuta ein Schachtbrot. Also ein paar dicke

Scheiben Brot und fettige Wurst, manchmal auch Kuchen. Deftig und gut. Kameradschaft zählt da – so wie es bei uns einmal auch war, als die meisten Bergleute auf Haniel noch aus der Gegend kamen und man noch nach der Schicht zusammengesessen hat. Mittlerweile ist das bei uns ja leider nicht mehr so. Die Leute kommen aus allen möglichen Zechen. Heute wollen die bei uns nur noch nach Hause, haben teilweise auch einen weiten Weg.

In Warkuta aber war es wie früher im Ruhrgebiet. Ich bin schnell akzeptiert worden, und die Kollegen haben mich mit durchgefüttert: „Schau mal, was meine Frau gekocht hat“ oder: „Probier die Pfannkuchen meiner Familie, die sind viel besser.“ Ich habe mich gerne bedienen lassen. Später habe ich mich revanchiert und Material zum Arbeiten geschickt, Handschuhe und Knieschoner oder auch Socken. Die hatten im Bergwerk Stofflappen um die Füße gewickelt. Außerhalb des Bergwerks hatten wir nicht so viel miteinander zu tun. Ich kannte wenig Freizeit. Jeden Morgen wurde ich am Hotel zur Schicht abgeholt. Eine Stunde dauerte die Fahrt bis zum Schacht. Zehn Stunden ist man dann unterwegs, bis man zurück im Hotel ankommt. Und dann ist es längst dunkel. Ich war im Winter da.

Workuta hat vielleicht 100.000 Einwohner, etwa die Größe von Bottrop. Ein Dolmetscher hat mir ein wenig die Stadt gezeigt. Die Russen sind dort sehr stolz auf ihre Denkmäler. Da stehen irgendwelche Hubschrauber aus dem Zweiten Weltkrieg. Jede Menge Soldaten sind rumgelaufen, warum auch immer. Alle Straßen: tiefschwarz, auch wenn sie eigentlich nur aus Eis bestehen. Die Kohle wird mit Lkws transportiert, von den Zechen zum Bahnhof oder zu den Kraftwerken. Abends bin ich nur selten weggegangen, wenn überhaupt, in einen Pub, zum Fernsehschauen. Denn wir wurden gewarnt: Man soll in Workuta nachts sehr vorsichtig sein. Zum Beispiel die Taxis: Es gibt viele Fahrer ohne Lizenz. Hat man Stress mit dem wegen der Bezahlung oder warum auch immer, setzt der einen irgendwo in der Tundra aus. Dann sieh mal zu, wie du nach Hause kommst, bei minus 40 Grad. Oder die Krankenwagen: Da möchte man lieber nicht gerettet werden. Ein deutscher Kollege musste in Workuta ins Krankenhaus. Der ist sofort nach Hause geflogen. Schlimme Zustände, schlechte Versorgung. Das Verbandszeug hat er selbst gekauft, weil er nicht darauf vertraut hat, was die Russen ihm geben wollten.

Die riesigen Plattenbauten von Workuta sind gruselig. Die heimischen Kumpel wohnen mit vielen Leuten auf engstem Raum. Meine Dolmetscherin, das Mädchen, lebte mit sechs Personen in einer Zweizimmerwohnung. Was anderes könnte sie sich überhaupt nicht leisten. Die Bergmänner verdienen wenig, aber die Preise für Obst oder Gemüse sind ähnlich hoch wie bei uns. Viele Leute, die schon in Rente sind, müssen weiter arbeiten, damit sie überleben. Umgerechnet kriegt ein Bergmann um die zweihundert Euro Rente. Das ist am Polarkreis nicht viel. Von außen sehen die Häuser auf den ersten Blick ganz in Ordnung aus, aber wer ein bisschen näher herangeht, erkennt, wie die harten Winter der Bausubstanz zusetzen. Nur einen Vorteil hat die Kälte: Niemand braucht einen Kühlschrank. Wenn ich mein Feierabendpils kaltstellen wollte, hab ich es kurz auf die Fensterbank gestellt und musste noch aufpassen, dass es nicht einfriert. Und noch was gefällt mir richtig gut an Workuta. Für 100 Rubel kann man 'ne Runde mit dem Rentierschlitten drehen.

Ist doch auch etwas.

Klaudius Kollassa, Jahrgang 1964, war siebzehn, als er auf der Zeche anfing. Heute ist er Strebmeister und auch mal im Auslandseinsatz. Fremd zu sein ist für Kollassa kein großes Problem – er kam selbst erst mit vierzehn Jahren aus Polen ins Ruhrgebiet.

Sport Club
WEXFORD
82
BESTLAP
U.C.B.

Dirk Schwarz ist einer der Kumpel, die aus dem Ruhrpott in eine Zeche in den USA wechseln sollen. Sogar das Fernsehen berichtet darüber. Doch dann passiert: nichts. Sein Weg nimmt eine andere Richtung – bis tief unter die Berge.

Ich kann mich gut dran erinnern, als ich in die Vereinigten Staaten auswandern wollte, um dort als Bergmann zu arbeiten. Die RAG Coal International hatte das Ganze organisiert. Um Leute in Deutschland loszuwerden, sollten im Jahr 2002 ein paar Kumpel Gastarbeiter in den amerikanischen Zechen des Konzerns werden. Ich sollte in die Twenty Mile Mine beim Ort Oak Creek in der Nähe von Steamboat Springs im US-Bundesstaat Colorado wechseln. Ich hatte mir die Gegend vorher angesehen. Die Häuser der Bergleute hatten weite Auffahrten wie vor den amerikanischen Villen, die man aus dem Fernsehen kennt. Dummerweise ist nichts draus geworden.

Meine Wohnung in Essen hatte ich schon aufgelöst. Ich war zwar noch auf der Bottroper Zeche im Einsatz, aber es sollte bald losgehen in den USA, hatten meine Chefs angekündigt. Alles war organisiert. Ich hatte mein ganzes Zeug in eine Garage gepackt und mir gedacht: Spar' ich mir doch die Miete für die paar Monate und zieh' wieder bei meinen Eltern ein. Ich musste nur noch einen Container vor die Garage stellen, mein Zeug reinwerfen und ab über den Ozean

Auf der Zeche hatte ich mich schon von fast allen verabschiedet und bin noch mal mit meiner Freundin in den Urlaub gefahren. Insgesamt waren drei Leute schon drüben. Ach, habe ich gedacht, dann bin ja bald auch weg. Doch es wurde August, September – und ich hatte noch immer nichts gehört. Dann habe ich in der Zeitung gelesen, dass die RAG, mein Arbeitgeber, die Degussa gekauft hat, einen Chemie-Konzern. Noch zwei Wochen später stand dann in der Zeitung: Um den Kauf der Degussa zu finanzieren, hat die RAG die RAG Coal International verkauft. Ich habe schnell bei der RAG Coal International angerufen, um rauszufinden, was denn jetzt aus mir wird? Aber ich habe keinen mehr erreicht. Null. Gar nichts. Die haben mir noch nicht mal eine Absage geschickt. Die haben gar nichts gemacht. Die haben mich mit meinen gepackten Koffern in der Garage einfach sitzen lassen.

Einem anderen Kollegen, der seine Kinder sogar schon von der Schule abgemeldet hatte, ging es ähnlich. Der hat auch keinen mehr erreicht. Wir waren unfassbar enttäuscht. Wenn ich ehrlich bin, das war so ziemlich die größte Frechheit, die ich oder meine Kollegen jemals erlebt haben. Mindestens hätten die sagen können: Du, wir haben die Degussa gekauft, die RAG Coal

International wurde verkauft und aus dem Auswandern wird nichts mehr. Das wäre doch nicht zu viel gewesen, oder? Aber einfach abzutauchen? Das geht nicht.

Die Kollegen auf der Zeche haben sich totgelacht. Ich war wütend, sauer, frustriert. Ich kann mich erinnern, welchen Rummel die RAG damals drum machte, als wir in die Staaten gehen sollten. Es gab eine offizielle Pressekonferenz und sogar die „Tagesthemen" berichteten. Und was kam raus? Die reine Verarsche.

Ich habe mir in Essen wieder eine Wohnung gesucht, die Möbel aus der Garage rausgeholt und auf meine Chance gewartet. Nach ein paar Monaten kam diese Gelegenheit mit einer Stellenausschreibung auf der Zeche. Ein Baukonzern suchte Personal für einen Tunnelbau in Dortmund. Ich hab sofort „Ja" gesagt und gekündigt. Als wir in Dortmund fertig waren, bin ich 2005 in die Schweiz gewechselt, zum längsten Tunnelbauprojekt der Welt: zum Gotthard. Und dort habe ich dann bis 2012 oben in Sedrun gearbeitet.

Das war wirklich ein spannendes Projekt, obendrein schön weit weg von der Zeche. Dabei war die Arbeit im Tunnelbau gar nicht so anders als bei uns auf dem Pütt. Klar: Die Strecken waren nicht so eng. Aber sonst hieß es Bohren, Schießen, Ausbauen – alles wie auf der Zeche. Der Zusammenhalt unter den Kollegen war allerdings anders. Die Kollegen kamen aus allen Ländern. Ich habe mit Portugiesen, Italienern, Deutschen und Österreichern zusammen geschafft. Auch von den Zechen aus Deutschland waren einige Kumpel dabei, sogar noch einer aus Bottrop, der Andreas. Wirklich eine internationale Truppe. Zunächst kam ich in eine Gruppe mit vier Italienern und drei Portugiesen. Alle sprachen italienisch, kaum einer ein Wort Deutsch. Ich war dann so ein bisschen der Typ, der mit schiefem Gesicht fragte: „Was hast du gesagt?" Später war mein Polier ein Portugiese, der Deutsch konnte. Dann klappte es mit der Verständigung besser.

Leider wurde in der Schweiz der Beruf des Bergmechanikers nicht anerkannt. Den Beruf kannten die einfach nicht, weshalb ich als Hilfsarbeiter eingestuft wurde, obwohl ich die gleichen Bergmaschinen wie bei uns in Deutschland bedient habe. Auf den Lohn hat sich die Einstufung aber nicht ausgewirkt. Ich habe etwa das Zwei- bis Dreifache bekommen, von dem, was ich früher auf der

Zeche verdient habe. Das Geld hat viele Leute angelockt, auch aus Deutschland. Leider ist ein Kollege aus Oberhausen tödlich verunglückt. Der ist im Tunnel zwischen Waggons und eine Abzugsanlage gekommen. Zwei Tage, bevor der mit seiner Frau nach Australien auswandern wollte. Der hatte schon gekündigt, gepackt und alles fertig gehabt. Und dann war er tot. Ja, die Arbeit im Tunnel war schon gefährlich. Wir hatten einige tödliche Unfälle. Allerdings muss man dazu sagen, dass manche einfach keine Ahnung hatten, was sie taten. Ich sage immer: Wie kann man Bäcker oder Köche im Tunnelbau einsetzen? Das ist ein gefährlicher Job. Natürlich gab es auch Kollegen, die Erfahrung im Tunnelbau hatten, aber leider nicht viele. Die Portugiesen kamen fast alle aus dem Baugewerbe, die waren vorher als Maurer oder im Straßenbau unterwegs gewesen. Etliche hatten ihre Lebensläufe frisiert, um reinzukommen. Die hatten zuvor noch nie einen Tunnel von innen gesehen.

Jetzt, wo der Gotthard-Bau beendet ist, wohne ich immer noch in der Schweiz, sogar mit unbegrenzter Aufenthaltsgenehmigung. Ich habe einen Job im Gleisbau gefunden. Das heißt, ich sitze auf einer Maschine, um Gleise auf Maß zu bringen. Top Arbeit, nicht mehr so eine Maloche wie früher. Wir leben in einem Dorf zwischen Luzern und Zürich. Die Berge sind um die Ecke, wenn ich aus dem Fenster sehe, es gibt schöne Seen und frische Luft. Anders als im Ruhrgebiet.

Mit dem Auswandern hat es also doch noch geklappt. Nur eben in ein anderes Land.

Dirk Schwarz, Jahrgang 1967, lässt sich nicht unterkriegen. Nachdem es mit dem Auswandern in die Schweiz geklappt hat, kommt er nur noch selten zurück ins Ruhrgebiet. Auf die Zeche ist er immer noch sauer, weil die Verantwortlichen ihn damals mit gepackten Koffern haben stehen lassen.

Bereichsleiter Michael Göge reist mit einem Team aus Bottrop und Marl zu den Bergbau-Weltmeisterschaften in China. Tolle Hotels, Zeremonien, Live-Übertragung im Fernsehen: Die Chinesen machen ernst. Die Kumpel aus dem Pott lassen sich nicht aus der Ruhe bringen – und bekommen doch Probleme.

Wir hatten die ganze Sache unterschätzt. Als ich mit meinen Jungs in die Innere Mongolei aufbrach, konnten wir nicht ahnen, wie ernst es die Chinesen mit der Weltmeisterschaft der Zechen meinten. Die weltweit größte Bergbaugesellschaft Shenhua war im Jahr 2010 auf unseren Konzernvorstand zugekommen mit der Frage, ob wir an der Weltmeisterschaft der Bergleute teilnehmen wollten. Solche Wettbewerbe finden in vielen Ländern statt – immer unter der Überschrift Wissenstransfer: Bei welchen Kumpeln kann man sich was abgucken? Wie sind die Abbauprozesse in anderen Ländern? Ich sagte sofort zu. So ein Wissenstransfer ist schließlich eine gute Sache. Wir verkaufen Maschinen, Equipment und mittlerweile auch Sicherheitstechnik nach China. Der Wettbewerb konnte also Werbung für unser Unternehmen sein. Und außerdem war ich noch nie in China.

Als Bereichsleiter im Abbau sollte ich ein Team zusammenstellen. Ich suchte mir die besten Männer aus: zwei fähige Bergleute von Prosper-Haniel und zwei von der benachbarten Zeche Auguste-Viktoria in Marl. Unsere erste Station: Peking. Ein bombastisches Zeremoniell erwartete uns und die knapp sechshundert anderen Bergleute aus aller Welt: Russen, Südafrikaner, Tschechen, Inder, US-Amerikaner, Kanadier. Als wir im Hotel in Peking hörten, dass wir abends auch den chinesischen Wirtschaftsminister treffen sollten, und als Fernsehteams auf uns zustürzten und nach Interviews verlangten, schwante uns, dass dieser Wettbewerb ein etwas größeres Ausmaß hatte, als wir in Bottrop dachten. Wir mussten improvisieren. Zur Begrüßung sprachen in Peking neben dem Wirtschaftsminister noch allerhand hohe chinesische Politiker. Zum Glück konnte ich meinen Jungs noch Krawatten besorgen. Auch jeder Chairman der Teams sollte eine kurze Rede halten. Ich bastelte schnell ein paar warme Worte zusammen. Jeden Morgen konnten wir uns am Frühstückstisch auf einer riesigen Neun-mal-zwölf-Meter-Leinwand selbst beobachten: Das chinesische Fernsehen übertrug so ziemlich jeden Schritt, den wir taten.

Dabei hatte die Einladung harmlos gewirkt: Wettbewerb und Wissenstransfer. Ich schrieb eine E-Mail nach Bottrop, in der ich schilderte, wie hoch die Chinesen diesen Wettbewerb offenbar hängten. Die Reaktion aus der Heimat war schlicht: „Dann macht mal einen guten Job!“ Wenn wir ursprünglich ohne

Druck hatten anreisen wollen, war jetzt daheim im Ruhrgebiet und bei uns der Ehrgeiz geweckt, sich in China zu beweisen.

Von der Hauptstadt aus reisten wir in die Innere Mongolei, wo man das modernste Bergwerk Chinas betreibt. Mit der Vorstellung von rückständigen Fünfziger-Jahre-Pütts hat das nichts zu tun. Auch in China gibt es echten Hightech-Bergbau. Mit deutscher Technik oder mit etwas, was nach deutscher Technik aussah. Inmitten bitterer Armut hat der chinesische Bergbauriese Shenua dort edle Hotels für seine leitenden Mitarbeiter und Ingenieure errichtet. Zum Elend hinter dem Zaun lieferte unser Hotel einen deutlichen Kontrast. Vier-Sterne-Standards, Marmor, alles bunt und prächtig. Architektur und Ausstattung so hypermodern, wie der Bergbau den sie uns hier präsentieren wollten. Dabei war die Technik für meine Jungs und mich gar nicht so neu: Der Walzenschrämlader, den wir im Wettbewerb bedienen sollten, wurde in Bochum entwickelt. Die Schilde, mit denen die Hangenden gestützt werden, kommen aus Lünen. Zwei Tage lang wurden alle Teilnehmer mit peinlicher Genauigkeit auf Geräte vorbereitet, mit denen wir im Ruhrpott groß geworden sind.

Am dritten Tag konnten wir dann den Untertagebetrieb das erste Mal besichtigen, in dem der Wettkampf stattfinden sollte. In Jeeps fuhr man uns in den Streb, der nicht wie bei uns in großer Tiefe, sondern nur wenige hundert Meter unter der Oberfläche liegt. „Ich bin im Paradies der Bergleute", dachte ich sofort. Solche Verhältnisse gibt es bei uns schon lange nicht mehr, und auch früher hat es so etwas nur sehr selten gegeben. Flöze von fünf Meter Mächtigkeit sind hier die Regel. Zum Vergleich: Auf Prosper-Haniel bauen wir Flöze ab, die im Schnitt etwa zwei Meter stark sind. Dazu waren die Flöze in der Inneren Mongolei frei von Störungen, leicht abzubauen. „Langweilig, aber wunderschön", urteilten auch meine Jungs. Kein Wunder also, dass die in China auch mit eingeschränkter Technik effektiv fördern können.

Noch einmal wurde uns hier unten der Wettbewerbsablauf ausführlich erläutert. Mein Kollege konnte es nicht fassen:

„Hab ich das jetzt richtig verstanden: Wir müssen den Streb nur einmal rauf- und einmal runterfahren und das war's?"

„Glaub schon", antwortete ich.

„Und warum haben wir zwei Tage lang hier gesessen?"

Unsere Technikkenntnisse bedeuteten einen echten Vorsprung. Für die anderen Teilnehmer, die sich mit der für sie tatsächlich neuen Technik etwas schwerer taten, war es fast eine Provokation, dass wir die Trainingszeit nicht intensiv nutzten. Wir schmissen kurz die Maschinen an, setzten alles in Gang, da sagte der Kollege:

„Alles klar. Ich hab gesehen, was ich sehen musste. Wir können wieder raus."

Die Chinesen waren völlig verstört, dass es uns reichte, ein halbes Stündchen die Begebenheiten zu sehen. Später erfuhren wir, dass Shenhua und auch das staatliche Kohle-Unternehmen China Coal International ihre Mitarbeiter monatelang in Ausscheidungswettbewerben hatte antreten lassen. Tausend Mitarbeiter trainierten, damit die besten sechs Bergleute im großen Wettbewerb das Optimum für China rausholen konnten. Die chinesischen Kumpel hatten mit der Technik trainiert, während wir uns erst sechs Wochen zuvor zur Teilnahme entschieden hatten, als gerade noch genug Zeit blieb, die Visa zu beantragen.

Für unter Tage bekamen wir Helme, wie ich sie noch nie gesehen hatte: angeblich der neueste Stand der chinesischen Technik. Wir sahen aus wie Space Invaders, diese albernen Computermenschen mit zu großen Helmen. Die Organisatoren des Wettbewerbs priesen die ultramodernen Helme mit eingebauter Klimaanlage. Jeder chinesische Bergmann trage mittlerweile ein solches technisches Wunderwerk. Als wir im Abbau waren, sprach uns jeder zweite Chinese an: Wo wir denn diese tollen Dinger her hätten? Es war eine Riesenshow, die für uns veranstaltet wurde.

Wir wissen zu viel über die Defizite im chinesischen Bergbau, um alles zu schlucken, was sie uns dort glauben machen wollten. Gerade beim Thema Arbeitssicherheit liegen die Chinesen zurück. Noch vor Jahren haben wir chinesischen Werksleitern unsere Sicherheitsstandards unter Tage erklärt und die fantastische Entwicklung bei unseren Unfallkennziffern. Zahlen, von denen die Chinesen noch meilenweit entfernt sind.

Weil wir zunehmend auch international Ausrüstung einkaufen wollen, sind wir später, nach dem Wettkampf, zu einer chinesischen Messe gereist. Was die Aussteller dort teilweise anpriesen, war schon grenzwertig. Wenn ich mein Auto so schweißen würde wie die Kollegen teilweise ihre Bergbaumaschinen, würde ich nicht durch den TÜV kommen. Das hat mich schon verblüfft. Zu bestaunen gab es auch tollste Nachbauten. Technik, bei der man sich durchaus nach dem Sinn fragt: Die Chinesen präsentierten Hobel, die bei uns längst nicht mehr im Einsatz sind. Als vor Jahren ein chinesischer Hersteller eine alte Hobelanlage aus unserem Fundus übernahm, baute er sie eins zu eins nach. Delegationen chinesischer Bergwerksgesellschaften, wundern sich bei Besuchen im Ruhrgebiet, dass unsere Hobel längst anders aussehen als das, was ihnen chinesische Hersteller als „State of the Art“ andrehen wollen.

Doch es geht auch anders. Einige Hersteller – beispielsweise im Schildausbau – holen rapide auf. Auf der Messe wurde ich nachdenklich. Ich muss zu Hause in Deutschland den Auslauf des Bergbaus planen. Wie traurig das ist, wird einem klar, wenn man das mit den Dimensionen vergleicht, in denen die Chinesen denken. Einmal trafen wir uns bei so einem Hersteller für Schilde. Für den Abbau auf Prosper Nord benötigen wir noch zweihundertzwanzig Einheiten. Über den Dolmetscher fragte der Hersteller immer wieder nach, wann wir denn die Schilde brauchten und vor allem, wie oft wir eine Lieferung erwarteten. Quartalsweise, jährlich? Nur zweihundertzwanzig Stück? Wir konnten dem zunächst gar nicht vermitteln, dass wir die Lieferung nur einmal brauchten und dass sie bis 2018 für drei Betriebe reichte. Hintergrund: Der Schildhersteller baut im Jahr fünfzehntausend Schild-Einheiten. Für ihn war es undenkbar, dass wir für so eine klitzekleine Lieferung mit einer ganzen Delegation nach China gereist sind.

Doch zurück zur Weltmeisterschaft. Nun konnten meine Jungs einmal unter idealen chinesischen Bedingungen arbeiten. Klar, dass sie kaum mehr zu halten waren. Noch aufregender war der große Wettkampftag für die Chinesen. Bevor es losging, standen sie in Reih und Glied und salutierten vor ihrem Werksleiter. Der Wettkampf lief dann so ab: Jedem Bergmann wurde eine Art Schiedsrichter an die Seite gestellt, der genau überprüfen sollte, ob jeder Handgriff saß. Meine Jungs machten einen richtig guten Job: Wir fuhren mit 45 Minuten eine absolute Bestzeit. So schnell waren wir auch deshalb, weil wir uns erlaubten, vom Wettbewerbshandbuch abzuweichen. Der Mitarbeiter an der Walze bediente in den Leerlaufzeiten die Schilde gleich mit und saß nicht nur rum. Ganz so, wie wir es auch in Bottrop machen. Alltag für uns.

Doch gerade wegen unseres effektiven Vorgehens wurde uns ein halber Punkt abgezogen – sozusagen in der „B-Note“. Dabei waren wir die schnellsten und hatten die meiste Kohle gewonnen.

Was willst du machen? Die Jury wich vom Wettkampfhandbuch ab: Am Ende gab es für die Bestzeit doch nicht so viele Punkte. Wir landeten auf dem zweiten Platz. Kommastellen hinter dem chinesischen Wettbewerbsausrichter Shenhua. Ich musste die Gemüter meiner Kumpel beruhigen. Wir waren Gäste und es war wohl nicht vorgesehen, dass jemand besser abschnitt als die chinesischen Bergbauspezialisten. Wir gaben uns geschlagen. Wenn es die Chinesen ernst meinen, kannst du nicht gewinnen.

Immerhin – ein Trost – hatten wir die Pläne der ehrgeizigen Russen durchkreuzt. Die standen offenbar unter ziemlichem Druck, verschwanden abends direkt in ihren Hotelzimmern, waren fast wie abgeschottet von den restlichen Teilnehmern. Für sie war es wohl ziemlich bitter zu sehen, dass wir so gut abschnitten. Obwohl wir abends lange mit den Südafrikanern beim Bierchen zusammengesessen hatten.

Auch auf den zweiten Platz können wir mächtig stolz sein. Es gab eine festliche Siegerehrung und einen Pokal. Der steht heute noch im Vorstandsbüro.

Michael Göge, Jahrgang 1963, ist Bereichsleiter Abbau auf der Zeche Prosper-Haniel. Seit 1983 ist er bei der RAG tätig. Nach der Ausbildung hat er alle Hierarchiestufen bis zum Bereichsleiter durchlaufen. Bekennender BVB-Fan und mit zwei Schalke-Fans in dem Wettbewerbsteam unterwegs, die den Titel „Weltmeister der Herzen“ gar nicht lustig fanden.

Stefan Dreimann wollte Kellner werden und landete stattdessen auf der Zeche. Nach seinem Ausstieg aus dem Pütt begeisterte er sich für den härtesten Sport der Welt. Unter Tage kehrte er nur noch einmal zurück, und wieder tat es weh.

Ich bin ein leidenschaftlicher „Ironman". Ich mag es, zu laufen, zu schwimmen, Rad zu fahren. Auf dem Pütt war ich Schlosser, dann habe ich aber den Job als Bergmann geschmissen, um mehr Freiheiten zu haben. Nur einmal bin ich noch unter Tage zurückgekehrt, um einen Marathon in einem Salzbergwerk zu laufen. Es wurde eines der härtesten Rennen, das ich jemals erlebt habe.

1987 fing ich auf der Zeche eine Lehre an. Als Bandstraßenschlosser musste ich dafür sorgen, dass die Kohle über Tage kommt. Wir haben Rollen ausgetauscht, Bänder geflickt und in der Nachtschicht Bleche repariert. Ich war ein ganz junger Kerl, vielleicht 21 Jahre alt. Ich mochte die Arbeit unter Tage: Sie war hart und ehrlich. Mein Traumjob war es trotzdem nicht. Eigentlich hatte ich gehofft, mit Menschen zusammenzukommen.

Der erste Wandel in meinem Laben begann, als ich zur Bundeswehr einberufen wurde. Für mich war das erst mal ein Schock, als ich auf dem Einberufungsbescheid lesen musste: Marine. Ich dachte, „Marine? Wo zur Hölle ist denn hier Wasser? Ich bin in Bottrop und nicht in der Karibik." Ich kam in den Norden, nach Flensburg, Schnellbootgeschwader. Das war verdammt weit weg von zu Hause. Zum Glück konnte ich mich schnell einfinden. Die besten Erinnerungen habe ich an eine lange Fahrt mit sechs Booten und einem Versorger entlang der französischen Atlantikküste. Meine Einheit war für die Motoren der Schiffe zuständig. Wir sahen als Schlosser zu, dass alles lief. Nantes, Brest, Bordeaux und La Rochelle liefen wir an, jenen Hafen, in dem auch der Film „Das Boot" gedreht wurde.

Ich habe das Meer geliebt: diese offene Sicht, die gute Luft, die Weite. Schon damals wusste ich, dass ich im Bergbau keine Zukunft habe. Unter Tage zu sein, ist das genaue Gegenteil vom Meer. Dort ist es eng, dreckig und dunkel. Vielleicht hätte ich bei der Marine bleiben können, aber so richtig hatte ich auf den Verein keine Lust, denn dort gab es trotz aller Sicht auf die Weite auch keine echte Freiheit. Letztlich habe ich mich wegen des Geldes wieder für die Grube entschieden. 2500 Mark netto waren für einen Junggesellen wie mich ein gutes Argument.

Leider empfand ich danach nie wieder echte Freude an der Arbeit. Natürlich habe ich unter Tage alles gemacht, was ich sollte, ich erledigte meinen Job und achtete darauf, keine Fehler zu machen. Aber ich habe nie wirkliches Interesse an dem gehabt, was ich tat. Irgendwie wusste ich, dass etwas anderes auf mich wartete. Den Absprung in eine neue Welt habe ich dann schließlich über mein Hobby gefunden. Anfang der Neunziger kamen diese „Rennsemmeln“ raus, diese „japanischen Joghurtbecher“. Schnelle, große Motorräder, von denen ich begeistert war. Ich habe die Geschwindigkeit geliebt, das sportliche Fahren. Jede Kurve war für mich ein Erlebnis. Ich mochte es, auf den Pisten tief in die Kurven zu tauchen und dann im niedrigen Gang steil rauszubeschleunigen. Damals gab es noch keine Zivilmotorradpolizisten mit Helmkamera, die hinter einem her sind, wenn man mal 80 Kilometer in der Stunde zu schnell ist. Damals gab es einfach nur das Gefühl von Freiheit. In der Fahrschule lernte ich meinen neuen Chef kennen. Er sagte, wenn ich keine Lust mehr auf die Grube hätte, könne ich bei ihm anfangen und den Leuten das Fahren beibringen. So kam es. Ich bin aus dem Schichtdienst in der Grube rausgegangen und habe jetzt als Fahrlehrer einen interessanten Job, in dem ich meine Zeit relativ frei einteilen kann, um mich meiner Leidenschaft zu widmen: dem Sport.

Ich habe mich immer gerne bewegt, Fußball gespielt von der E-Jugend bis zu den alten Herren. Ich habe Handball ausprobiert und mit Hanteln trainiert. Alles, was irgendwie Spaß gemacht hat. Bis ich schließlich beim härtesten Wettbewerb der Welt gelandet bin, dem Ironmann: 3,8 Kilometer Schwimmen, 180 Kilometer Radfahren und anschließend einen Marathon über die ganze Distanz von 42,195 Kilometern laufen. Die Faszination begann 2007. Ein Freund nahm mich mit nach Roth, eine Kreisstadt nahe Nürnberg. Dort findet einmal im Jahr der prestigeträchtigste „Ironman“ Europas statt, in der Bedeutung kommt er gleich nach der Weltmeisterschaft auf Hawaii. Mein Freund ist dort gestartet und ich stand als Zuschauer am Rand. Ich habe mit Hunderttausenden die Sportler angefeuert. Ich habe applaudiert und wollte vor Begeisterung vor den Männern und Frauen, die diese Distanzen bewältigten, auf die Knie gehen. Noch auf dem Rückweg war für mich klar: Hier werde ich auch starten.

Dummerweise konnte ich als alter Bergmann nicht schwimmen. In einem Baggerloch bin ich zwar nicht ersoffen und mein Seepferdchen hatte ich auch. Aber ich hatte in meinem Leben noch nie einen Kraulzug gemacht. Wie sollte das gehen? Mit dem Kopf unter Wasser schwimmen. Ich konnte bestenfalls Bleiente. Es war für mich eine Tortur, schwimmen zu lernen. Ich musste allen Ehrgeiz aufbringen, den ich hatte, um Bahn um Bahn zu schaffen. Die Koordination der Körperteile machte mich wahnsinnig. Ich wusste nicht, was macht der Kopf, was macht der Körper und wozu sind überhaupt die Arme da? Ich habe Stunden gebraucht, um endlich mal ordentlich ins Wasser zu pusten. Meine Beine sind bewegungslos hinter mehr hergetrieben. Ich dachte, ich ertrinke. Erst nach vierzehn Stunden mit einem Privattrainer und ungezählten eigenen Einheiten habe ich eine Fünfzigmeterbahn geschafft. Ich war fix und fertig. Schwimmen ist die Hölle. Wenn ich heute die 3,8 Kilometer rumhabe, liegt beim Ironman das Schlimmste hinter mir. Radfahren und Laufen sind kein Ding. Das kann ich.

Mein erstes Rennen in Roth lief gigantisch. Wir sind drei Tage vorher hingefahren, in eine kleine Pension in der Nähe von Roth. Das war alles aufregend. Die Registrierung, die Startnummer, die Beutel für die Wechselsachen, alles musste vorbereitet sein. Am Abend vor dem Rennen war ich sehr nervös. Im Biergarten trafen wir den Sprecher des Wettkampfs, der die ganzen Stars interviewt hat. Ich erzählte ihm, wie mir die Flatter ging. „Trink einfach drei Weizenbier, dann legt sich das", meinte der Kerl. Ich hatte wochenlang keinen Alkohol getrunken, um richtig fit zu sein. „Aber wenn der Typ meint, das hilft, dann hilft das wohl", dachte ich. Das Gute an den drei Bieren war: Ich konnte pennen. Das Schlechte an den drei Bieren war: Ich hatte am Morgen einen Kater.

Startschuss! Weil ich ein schlechter Schwimmer bin, haben mich gleich hunderte Wettkämpfer überholt. Aber ich habe es hingekriegt. Ich bin nicht ertrunken und krabbelte nach 1 Stunde und 38 Minuten aus dem Wasser. Ich habe gefeiert, als hätte ich das Rennen gewonnen. Die anderen dachten wahrscheinlich: Was für ein Idiot! Mir war das egal. Ich bin aus dem Neopren-Anzug raus und hab mich in Radfahrerschale geschmissen: Helm auf, Radschuhe an, Vaseline auf den Arsch und ab. Die Radstrecke war wunderschön. Zweimal neunzig Kilometer durch das Frankenland. Kurz vor Roth am Solarer Berg hatte ich dann mein vielleicht größtes Erlebnis als Sportler. Die Steigung ist dort gar nicht schlimm, der ganze Berg vielleicht achthundert Meter lang, aber dort stehen knapp zwanzigtausend Zuschauer, die einen frenetisch anfeuern. Das ist so, als würde man durch die schmale Gasse den Aufstieg zum Alpe d'Huez hochtreten. Allein, wenn ich davon erzähle, bekomme ich eine Gänsehaut.

Den Marathon nach dem Radfahren habe ich gar nicht mehr richtig gespürt. Mittlerweile waren wohl genügend Glückshormone in meiner Blutbahn. Nach 11 Stunden und 43 Minuten kam ich ins Ziel. In Roth bedeutet diese Zeit einen Platz im Mittelfeld. Aber ich war zufrieden. Der erste Sieger des Hawaii-Ironmans von 1978 hatte eine Zeit von 11 Stunden und 46 Minuten. Meine Gefühle nach dem Rennen: unbeschreiblich. Es war, als hätte ich einen Berg bezwungen, ein Meer durchschwommen und die Tour de France gewonnen. Ich konnte gar nicht richtig schlafen, so glücklich war ich.

An meine Zeit in der Zeche denke ich noch manchmal zurück. Doch ich werde dabei nicht melancholisch. Noch am letzten Tag habe ich mich mit meinem Kolonnenführer gestritten. Ich bin mit zwei oder drei Kollegen eingefahren und hatte Würstchen, Frikadellen und was zu trinken mitgenommen, um meinen Ausstand zu geben. Und dann wollte mich der Kolonnenführer doch tatsächlich noch drei Kilometer das Band runterschicken, um irgendeine Pumpe zu reparieren. Ich hab ihm gesagt: „Weißt du was? Geh deine Pumpe doch selber schrauben." Der Mann meinte: „Du musst hier noch arbeiten. Noch bist du nicht raus." Ich sagte ihm: „Ich mache hier gar nichts mehr. Von mir aus geh hoch und beschwer dich." Ich habe jedenfalls meinen Ausstand gegeben, ich wollte mich ordentlich verabschieden.

Danach war ich nur noch einmal unter Tage, dreizehn Jahre nach meiner letzten Schicht. In Thüringen, in einem Salzbergwerk, bei einem extrem harten Marathon, siebenhundert Meter unter der Erde. Das Harte daran ist nicht die Länge der Strecke, es sind dreizehnhundert Höhenmeter zu überwinden in extrem trockener Luft, bei 27 Grad Celsius. Es sieht genauso aus wie im Steinkohlebergbau. Nur ist alles weiß vom Salz und nicht schwarz von der Kohle. Vierhundert Teilnehmer des Grubenlaufs werden mit dem Förderkorb nach unten gebracht, jeder trägt einen Helm und dann geht es los. Ich habe noch nie so viele Menschen leiden sehen. Alle zweieinhalb Kilometer sind Verpflegungsstände aufgebaut, aber nach fünfhundert Metern denkst du schon: „Läufst du jetzt besser zurück oder hältst du durch bis zum nächsten Stand?"

Die Schleimhäute sind schnell ausgetrocknet, jeder Atemzug brennt wie eine verschluckte Fackel. Teilweise geht es eine Steigung von achtzehn Prozent bergauf. Man läuft nicht, man geht. Aber der Anstieg ist noch der leichte Teil. Die Hölle beginnt beim Bergablaufen. Alles schmerzt: die Knie, das Becken, die Füße. Ich habe Leute an diesen Steigungen sitzen sehen, die haben geweint. Im Ziel ist eine Rote-Kreuz-Station aufgebaut. Dort bekommen Dutzende Läufer erst mal eine Kochsalzlösung reingepackt.

Meine Zeit: 4 Stunden, 31 Minuten. Wenn ich das bei einem normalen Marathon laufen würde, dann würde ich nie wieder antreten, so langsam ist das. Im Bergwerk bin ich damit auf den 101. Platz gekommen. Wer weiß, vielleicht laufe ich diesen Grubenlauf noch einmal. Ansonsten möchte ich aber nicht mehr zurück unter Tage. Ich vermisse die harte Arbeit auf der Zeche überhaupt nicht.

Stefan Dreimann, Jahrgang 1969, war Bergmann, Schlosser und Matrose. Seine Leidenschaft gilt aber dem Extremsport. Der heutige Fahrlehrer und Ironman kann heute sogar schwimmen. Früher galt er als Bleiente.

Stefan Ingendoh hat Schlosser gelernt. Heute coacht er Manager. Sein Vorteil: Er weiß, was harte Arbeit ist, und kann mit mehr als Wattebäuschen werfen.

Warum lächelst du? Bist du ein Clown?" Harte Männer lachen nicht oft, und schon gar nicht Russen. Das habe ich in Moskau erfahren, als ich vor einer Gruppe russischer Manager stand, denen ich erklären sollte, wie sie Personal zu führen haben. Gute Laune allein bringt da wenig.

Angefangen habe ich meine Karriere als Schlosser auf der Zeche. Nach dem Abitur hieß das für mich vor allem, monatelang ein Eisenstück feilen, bis es groß wie ein Zahnstocher war. Das macht hart für jede Situation, auch in Russland, wenn die Stimmung so frostig ist wie ein sibirischer Winter.

Direkt nach dem Abi war für mich klar, dass ich nicht auf die nächste Schulbank und schon gar nicht direkt an die Uni wechseln wollte. Eigentlich hatte ich keine genaue Vorstellung, was ich machen wollte, nur weiter büffeln wollte ich nicht. In meiner Familie gibt es eine Menge Ingenieure und Handwerker. Mein Vater war eine Ausnahme, der war „Tintenpisser", wie er öfters zu hören bekam. Er ist als Einziger jeden Morgen ins Büro gegangen bei der Ruhrkohle. Der Großvater bei der Ruhrkohle, ein Onkel, der nebenan wohnt, Maurerpolier. Ein anderer Onkel arbeitete als Zimmermann in Schweden und wurde später Ingenieur bei Volvo. Mein Bruder hat Maschinenbau studiert. Ich habe gedacht, dann mach' ich auch was Technisches.

1991 hatten wir nach dem Abitur ordentlich gefeiert, als mein Vater um halb sechs Uhr morgens in mein Zimmer kam und sagte, „Komm, wir fahren nach Zollverein. Heute sind die Auswahltests für den neuen Schlosserjahrgang." Ich war zu verschlafen, um was zu sagen, und fand mich 2 Stunden später mit Dreisatzaufgaben konfrontiert, die ich überkompliziert mit irgendwelchen Gleichungen lösen wollte. So oder so: Schon bald ging es mit der Schlosserlehre los. Drehen, fräsen, löten, schweißen, kleben, nieten, schrauben. Aber zuerst ein Gefühl fürs Material bekommen – also begannen wir am Ende der ersten Woche zu feilen. Und ich feilte. Zuerst war es ein dickes Stück U-Stahl, dann wurde es eine Lokomotive und dann ein Bleistifthalter, am Ende wahrscheinlich ein Zahnstocher. Das Stück verformt sich immer mehr. Und du feilst und feilst und feilst, am Ende auf den Zehntelmillimeter genau. Und der Chef misst nach und haut dir jede Unebenheit um die Ohren, die du nicht mal mehr sehen kannst.

Nach diesen Monaten wurden wir in die verschiedenen Betriebsbereiche gesteckt. Ich kam zu Thomas, er kam irgendwoher aus Osteuropa, mächtiger

Brustkorb, Arme mit dem Umfang von Oberschenkeln – Merkmale, die ihm bei seiner Arbeit halfen. Er brachte mir bei, Schilde vom Schreitausbau zu demontieren. Schilde sind Stahlplatten, die unter Tage den Berg halten, wenn die Kohle gehobelt wird. Zentimeterdicker, purer Stahl, kaum zu bewegen. Wenn die Schilde zu uns kamen, waren die stellenweise zusammengeknüllt wie Blätter Papier. Tausend Meter Gestein sind eben eine verdammte Macht. Thomas sagte, wir müssten nur die Bolzen aus den Platten hauen, damit die kaputten Stahlplatten einzeln mit dem Kran abgenommen werden konnten. Gut. Aber wie kriegt man die Bolzen aus dem verformten Stahl heraus, wenn alles verkantet ist? Thomas gab mir einen Brenner, ach was Brenner: ein Flammenwerfer war das. Wenn ich den angemacht habe, gab das einen regelrechten Rückstoß, dass ich Angst hatte, ich stecke die ganze Anlage in Brand. Mit dem Ding musste ich die Bolzen erhitzen, bis sie glühten. Dabei stank es bestialisch und ich stand in einer riesigen Rußwolke. Die Stahlplatten waren mit verkrusteten Flüssigkeiten und Ölen völlig verschmiert. Aber irgendwann, wenn die Temperatur stimmte, schlug Thomas mit einem Vorschlaghammer auf die Bolzen, bis sie rausflogen. Thomas hat malocht wie ein Tier. Er arbeitete Akkord und hat sein Soll immer gebracht, manchmal sogar übererfüllt. Aber jeden Mittag um viertel vor zwei hat Thomas gesagt: „Stefan, ich bin dann jetzt auf dem Pott." Und dann war er erst mal eine Weile weg. So Leute sind mir ein paar Mal begegnet. Männer, auf die das Wort Malocher passt: hart arbeitend, direkt und offen. Schnörkellos. Und technisch versiert.

Egal was die nächste Station war, sei es Sandstrahlen, Schilddemontage, Pumpen und Getriebe, der Prüfstand, man traf auf einen Vorarbeiter oder Gesellen, der oft klare Ansagen machte: „Pass auf, Stefan, heute setzt du dich da hin, kannst dir auch mal einen Kaffee holen, wenn du magst, aber du sitzt da. Du guckst dir das hier genau an. Und hältst die Klappe. Morgen darfst du Fragen stellen und übermorgen auch. Und Ende der Woche musst du dann ran. Hast du das verstanden?" Sicherlich nicht die schlechteste Art, jemanden einzuarbeiten.

Nächster Abschnitt, nächste Zentralwerkstatt: in die Schmiede zu Manfred. Der hat mir gezeigt, wie man Meißel für die Hobel schmiedet. Also erst erhitzen, dann schmieden und immer wieder in Wasser oder anderen Flüssigkeiten härten. Anschließend anschleifen. Keine Raketenwissenschaft, aber auch nicht leicht. Vor allem nicht, weil das Schmiedefeuer in einer Werkstatthalle mit Wellblechdach loderte. Wir hatten einen heißen Sommer. Manfred hat mir den Vorgang gezeigt. Ruhig und freundlich. „Junge, so musst du das machen. Erst mal ins Feuer damit, dann mit dem Schmiedehammer, zwischendurch ins Wasser. Hast du das verstanden?“ Ja, das hatte ich begriffen. Am nächsten Tag durfte ich dann allein ran, bis Manfred meinte: „Gut, das kannst du einigermaßen. Jetzt musst du den Meißel in dem und dem Winkel an die Schleifmaschine halten. Der Winkel ist wichtig. Halt den Meißel wieder ins Wasser. Pass auf, dass du mit den Handschuhen nicht in die Maschine kommst, oder zieh sie aus, sonst ist die Hand ab. Hast du das verstanden?“ Ja, auch das hatte ich auch begriffen.

Manfred stellte mir eine Kiste mit fünfzig Meißeln hin, die ich fertig machen sollte. Ich dachte: „Das schaff ich locker bis zum Nachmittag!“ Ich fragte ihn, was ich denn danach machen sollte. Manfred hat gar nichts gesagt, sondern mit dem Kopf in den Hallengang genickt. Da standen hunderte Kisten mit tausenden Meißeln. Ich wusste: Das mache ich jetzt die nächsten Wochen. Und es war ein brütend heißer Sommer unter dem Wellblechdach am Schmiedefeuer. Wie gesagt: Ich habe Demut gelernt und viel Wasser getrunken.

Mich hat berührt, dass keiner der Gesellen eine große Sache aus seiner Arbeit macht. Wie schnell und effektiv er die Schilde im Akkord demontiert oder wie präzise er tausende Meißel für den Betrieb unter Tage schmiedet. In der Welt, in der ich heute verkehre, ist das manchmal umgekehrt. Da gehört für den einen oder die andere das Wellemachen ganz natürlich dazu. Teilweise eine Welt, in der man sich selbst und den Anderen meint zeigen zu müssen, wie wichtig man ist.

Die Leute auf der Zeche waren genau so, wie sie waren. Nicht mehr, nicht weniger. Ein Kollege hat in seiner Freizeit Kampfhunde ausgebildet. Der hat mir ganz ruhig erklärt, was er macht, wenn die Tiere Ärger machen oder sich ineinander verkeilen sollten. Wie er versucht, das Tier irgendwie auf Distanz zu halten oder mit Schlägen und Tritten auszuknocken. Wie viel er damit verdient etc. Dabei hat er nicht aufgeschnitten, sondern einfach nur die Fakten aneinandergereiht.

Für mich war klar, dass meine Zeit auf der Zeche endlich war. Ich war Abiturient mit einem braven Mittelschichthintergrund. Ich wollte studieren. Doch zuerst stand an, die Lehre durchzuziehen, mich einzufinden in der Werkshallenwelt und vor allem meinen Platz zu behaupten. Einige aus meinem Lehrjahr lebten sehr robust, mit allem, was dazugehört: Schlägereien im Stadion, Partychaos, grenzwärtigem Mopedtuning und chronischem Geldmangel.

Nach der Lehre und ein paar weiteren Monaten im Betrieb hatte ich so viel Urlaub und Freischichten aufgespart, dass ich erst mal eine Auszeit nehmen konnte. 1994 ging ich den Jakobsweg nach Santiago, zu einer Zeit, als der noch kein Modetrend war. In den Buchhandlungen hatte ich nur eine einzige Reisebeschreibung gefunden. Das war alles, was es an deutschsprachiger Literatur über den Camino gab. Auf dem Weg kann man seinen Gedanken nicht ausweichen und ich verbrachte viel Zeit auf meiner inneren Folterbank. Zurück in Deutschland wusste ich: Ich werde kein Techniker. Ich will mich mit dem Thema Mensch beschäftigen. Kurz darauf habe ich mich für das Psychologiestudium entschieden. Von meiner Lehre bei der RAG habe ich sehr profitiert. Ich habe einen sehr guten Einstieg in die Arbeits- und Organisationspsychologie und in die Arbeitswissenschaften gefunden. Wenn es um Qualitätsmanagement ging oder um die Gestaltung von Produktionsprozessen. „Sie kennen sich doch aus als Schlosser", meinten meine Professoren. „Sie waren doch in der Produktion, Sie wissen, was Integrated Manufacturing heißt und Quality Management, Auditing und so. Sie wissen, wie Maschinen funktionieren und wie die Menschen drauf sind, die diese Maschinen bedienen."

Als ich mein Studium begann, waren zwei Drittel der Studenten weiblich. Und die Männer waren nicht unbedingt der Typus, den ich bei der Ruhrkohle angetroffen hatte. Dass ich teilweise in verschiedenen Welten zu Hause war führte zu einer fast schon umgekehrten Diskriminierung. Es verschaffte mir Vorteile, weil es kaum Leute mit einer handwerklichen Ausbildung in der Psychologie gab.

Ich spüre das bis heute: Wenn ich in einem Projekt mit Abteilungsleitern und Meistern arbeite, zum Beispiel in einem Energiekonzern, kann ich mich gut in die verschiedenen Perspektiven hineinversetzen. Wenn es dann um Themen wie Zielvereinbarungen oder Teamarbeit geht, kommt ein guter Austausch zustande, Themen werden auf den Punkt gebracht, Argumente und Meinungen finden Gehör. Und dadurch schwindet die Gefahr, dass Managementkonzepte zu verkopft oder realitätsfern rüberkommen.

Das gilt auch international. Ich arbeite mit Menschen aus allen Himmelsrichtungen zusammen. Sei es aus Russland, Schottland, Abu Dhabi, Brasilien, Texas oder Deutschland: Wenn ich mit Führungskräften aus dem Bergbau, der Stahlindustrie, dem Maschinenbau oder der Ölindustrie arbeite, stellt sich schnell ein direkter Umgang ein. Bei der Auswahl und Entwicklung von Führungskräften gibt es viele Ähnlichkeiten mit Industrieprozessen. Wo und wie lassen sich Talente entdecken, auswählen, gezielt entwickeln und fördern? Wie kann eine gute „Talent-Pipeline" aussehen? Also im übertragenen Sinn: Wo sind die Ressourcen, wo sind die Lecks durch die gute Mitarbeiter verloren gehen oder nicht gesehen werden, wie werden talentierte Mitarbeiter weiterentwickelt und für das Unternehmen verfügbar gemacht? Eignung, Passung, Training und systematischer Aufbau mit effektiven Personalmaßnahmen – da drängen sich eine Menge Bilder und Beispiele aus meiner Zeit auf der Zeche auf.

Als ich damals die Fragen hörte: „Warum lächelst du? Bist du ein Clown?", war ich natürlich erst mal sprachlos. Aber aus der Zeche kannte ich das. Dieses Verhalten, sein Gegenüber mit einem Satz aus dem Konzept zu bringen. „Ich bin kein Clown", sagte ich. „Ich will nur gut drauf sein, weil ich denke, wir machen uns hier heute einen guten, produktiven Tag. Wenn wir uns jetzt zwei Tage anraunzen, bringt das gar nichts." Und dann erklärte ich, was es bedeutet, Mitarbeiter mit einem positiven Rollenmodell voranzubringen.

Ich würde jederzeit wieder meine Lehre auf der Zeche machen. Ich habe tolle Menschen kennengelernt. Ich weiß, wie es sich anfühlt, abgearbeitet und kaputt zu sein. Ich kenne den Frust, wenn sich der Eisenwürfel kaum ändert, den du seit Wochen beackerst. Ich kenne aber auch den schwarzen Humor und die Geselligkeit in der Gemeinschaft. Heute renne ich zwar nicht mehr im Blaumann rum, sondern im Anzug. Aber der Tonfall normalisiert sich spürbar, sobald Geschäftspartner aus der Produktion auch nur am Rande mitkriegen, dass ich selbst mal an der Schüppe war.

Stefan Ingendoh hat nach seinem Abitur 1991 eine Lehre als Schlosser in den Zentralwerkstätten der Bottroper Zechen gemacht. Anschließend studierte er Psychologie und wurde Unternehmensberater. Stefan Ingendoh lebt heute mit seiner Familie im Rheinland.

VON ZIPPER

Zu dunkel, zu schmutzig, zu laut: Thomas Jantke wartet auf eine Gelegenheit, die Zeche zu verlassen. Ausgerechnet auf einer Reise mit der Firma bietet sich ein Ausweg.

Schon zu Beginn meiner Arbeit unter Tage wusste ich, dass der Bergbau nichts für mich ist. Dunkelheit, feuchte Luft, die muffig roch, dazu der dröhnende, monotone Lärm der großen Maschinen. Mein Job als Betriebselektriker: knallhart. Wir mussten mit unserem Trupp meist armdicke Stromkabel aus Kupfer verlegen. Die Kabel waren so schwer, dass sie zehn Männer mit Mühe anheben konnten. Spaß? Spaß hat mir die Arbeit nie gemacht. Regelmäßig habe ich an den Wochenenden leichte Depressionen bekommen, beim Gedanken daran, dass ich am Montag wieder ins Loch muss.

Auch die Kameradschaft unter Tage, die so gerne beschworen wird, habe ich nie so erlebt. Es war eine schwierige Zeit damals, 1987 bis 1990, es wurde viel gestreikt. Niemand wusste: Machen die Zechen jetzt dicht? Wenn ich von anderen Facharbeitern etwas lernen wollte, dann wurde mir oft nicht gezeigt, wie dieses oder jenes ging. Stattdessen hieß es: Los jetzt, Kabel ziehen! Die Leute hatten Angst um ihre Jobs. Die dachten wohl, wenn sie mir was beibringen, könnte ich deren Arbeit später genauso gut oder genauso schnell machen. Die dachten, ich würde denen die Arbeit klauen. Ich habe oft versucht, einen Job über Tage zu bekommen. Keine Chance, meine Vorgesetzten bügelten mich immer wieder ab: „Oben gibt es nichts." Für mich war klar, dass ich im Bergbau nicht alt werde.

Eine Episode aber gab es, an die ich mich gerne erinnere und die mein Leben veränderte. 1990, als die Ruhrkohle AG für uns Lehrlinge einen Urlaub in Irland organisierte. „Jugendfreizeit" nannte sich das. Keine Ahnung, warum die Ruhrkohle das gemacht hat, aber es war eine prima Sache für dreißig Männer, nicht nur von unserem Pütt in Bottrop, sondern auch von den anderen Zechen. Eine Woche lang sind wir mit Pferdekutschen durch die Gegend gezuckelt, immer an der Küste entlang. Abends haben wir gemacht, was Bergmannslehrlinge im Urlaub so machen: Quatsch. Irgendwann landeten wir im Städtchen Arklow auf einem Wikingerfest. Ich kann mich gut daran erinnern, wie ich mit ein paar Kumpeln Richtung Pub spazierte und eine Band spielte. Und dann kam uns dieses schöne Mädchen entgegen. Sie sah aus wie eine richtige Irin: ein helles Gesicht und feine, lebendige Züge. Einige Stunden später sprach sie mich im Pub an. Mit meinem gebrochenen Englisch konnte ich ja nicht viel mehr sagen, außer: „Bitte langsam reden, ich bin Bergmann aus Bottrop."

Und dazu möglichst nett lächeln. Aber irgendwie haben wir es hingekriegt, uns zu unterhalten. Sie hieß Carol. Abends brachte ich sie nach Hause, ganz Gentleman aus der Grube. Zwei Tage später stellte mich Carol schon ihren Eltern vor, beim Sonntagsessen. Ich wurde kritisch beäugt. Unsere Gruppe ist dann noch in die Stadt Wicklow weitergefahren, etwa fünfundzwanzig Kilometer entfernt. Carol besuchte mich mit dem Zug und wir verbrachten einen ganzen Tag miteinander. Als ich zurück im Ruhrgebiet war, hielten wir eine ganze Zeit lang Briefkontakt; ein Jahr später kam Carol dann zum ersten Mal nach Deutschland, nach Bottrop. Wir wurden ein Paar und sie zog ein Jahr später bei mir ein. Mein Englisch war immer noch nicht gut, aber dafür hat Carol Deutsch gebüffelt. Ich habe erst später richtig ihre Sprache gelernt, im Urlaub, während der Besuche bei ihrer Familie.

1994 habe ich dann endlich auf dem Pütt aufgehört und mir einen Job als Elektriker gesucht. Carol bekam ein wenig Heimweh, und irgendwann, es war 2001, haben wir beschlossen, nach Irland zu gehen. Das Land erlebte einen Wirtschaftsboom, man nannte es „den keltischen Tiger", und da würde auch Arbeit für uns sein, so dachten wir. Carols Vater bot uns ein Häuschen an: Verglichen mit den Wohnungen im Ruhrpott war das ein kleiner, möblierter Palast, und alles brandneu. Spülmaschine, Waschmaschine, Sofa. Wir mussten nur noch unsere Klamotten in den Schrank hängen. Auch bei der Frage, wie ich einen Job finden würde, hatte Carols Familie eine Lösung für uns. Schon fünf Tage nach unserem Umzug sprach mich einer ihrer Onkel an, dessen Bekannter Leute für einen Elektriker-Betrieb suchte: „Seamus Fitzgerald Electrical". Am nächsten Tag ging es schon los, und ich arbeitete auf verschiedenen Baustellen.

Seamus holte mich morgens ab und fuhr mich irgendwohin. Einmal brachte er mich in einen Steinbruch, in dem eine Anlage stand, mit der man Felsen zertrümmerte. Sie wurde über einen Roboterarm gesteuert – und der war defekt.

„Ich hau jetzt ab. Guck dir das an", sagte Seamus und verzog das Gesicht. „Wenn du das Ding repariert kriegst, fresse ich meinen Hut."

Sprach es und war weg. Ich habe mir die Schaltung angesehen und fand schnell eine Lösung: Ich überbrückte einfach die Platinen. Zwar war die Feinsteuerung hinüber, was bedeutete, dass der Maschinist nur mit voller

Kraft fahren konnte, aber das war ihm egal. Ich konnte Seamus einen „Guten Appetit“ mit seinem Hut wünschen.

Nächste Station war eine Düngemittelfabrik. Klingt eklig, war aber ein Traumjob: Ich musste eigentlich nur Leuchtstoffröhren auswechseln, und als Elektriker fühlte man sich wie ein König. In Deutschland mussten wir selber basteln. In der Düngerfabrik hat ein Schlosser die Motoren auseinandergebaut und die Einzelteile in die Elektrowerkstatt gebracht. Ich reparierte die Schaltungen und stellte alles wieder vor die Tür, was man dann abholte und wieder zusammensetzte. Obendrein bestand der ganze Tag nur aus Pausen: Die Pause morgens, wenn der Chef die Aufgaben verteilt hat. Dann die Pause, um sich die entsprechende Arbeitserlaubnis zu holen. Eine Pause, bevor wir zur Arbeit gingen, was aber nicht lange dauerte, denn dann war wieder Frühstückszeit. Bis zur Mittagspause wurde ein wenig gebastelt, bevor wir mit Restarbeiten in den frühen Feierabend rutschten. Was für ein lauer Job! Dummerweise ging die Firma dann pleite und ich kam zurück in den Steinbruch. Als ich von dort aus das erste Mal die alten Kollegen anrief, war das Gelächter groß:

„Was hast du denn verbrochen? Aus dem Bottroper Pütt in den irischen Steinbruch?“

Wenn sie nur geahnt hätten, wohin es mich wenig später verschlug: Ich kam in eine Tittenfabrik im Industriegebiet von Arklow. Ich meine das ernst: Silikonbusen und Silikonhoden wurden dort gefertigt. Meine Kolonne war für Wartungsarbeiten zuständig in den Hallen, in denen alles klinisch rein zuging. Ich schlüpfte in einen Reinanzug, zog eine Staubmaske und weiße Handschuhe an, bevor ich durch eine Schleuse hineingelassen wurde. Es ging zu wie im OP eines Krankenhauses: viel Neonlicht, viele technische Apparate, alles steril. Der Unterschied: Überall lagen Gummibusen rum, in allen Größen bis zur halben Pampelmuse. Ganz besonders klein waren die Plastikhoden, etwa im Format von Haselnüssen. Skurril. Ich bin jedenfalls immer so sauber aus dem Laden rausgekommen, wie ich reingegangen bin. Das Kontrastprogramm zur Zeche in Bottrop.

Später habe ich noch in einem Golfclub direkt am Strand gearbeitet und in einer Seifenfabrik. Irgendwann wurde Carol und mir das Leben in Irland zu langweilig. Klar, die Luft ist besonders frisch, die Landschaft berauschend schön und die Leute sind wirklich nett. Aber was die Freizeitgestaltung betraf, gab es folgende Alternativen: Strandspaziergang, Waldspaziergang, Frisör. Selbst der Pub wird nach einer Zeit langweilig. Es regnet ständig, denn die Insel ist ja nicht ohne Grund so grün. Wenn wir in Irland mal ein Konzert besuchen wollten, mussten wir nach Dublin fahren, doch dann konnte man nichts trinken. Das Ruhrgebiet hat einfach mehr zu bieten. Man muss die Optionen nur nutzen.

Thomas Jantke, Jahrgang 1971, fing 1987 als Betriebselektriker-Lehrling unter Tage an. Seit 2003 ist er aus Irland zurück und lebt heute in Essen.

Hans Jürgen Weiß ist für die technische Einrichtung der Zeche verantwortlich. Für seine Arbeit am stärksten Hobel der Erde erhielt er den Forschungspreis der Deutschen Steinkohle. Das gewaltige Gerät wird in die ganze Welt verkauft.

Wir haben den stärksten Hobel entwickelt, der derzeit unter Tage im Einsatz ist. Den „Gleithobel 42", kurz GH 42. Man kann das Gerät am ehesten mit einem Hobel aus der Schreinerei vergleichen, wegen mir auch mit einem Käsehobel. Der raspelt schmale Käsestreifen von einem großen Käseblock. Letztendlich ist das Prinzip immer ähnlich. Der Unterschied: Unser Hobel wiegt ohne Motoren 6,6 Tonnen und bricht massenhaft Kohle.

Im Kern ist der „GH 42" ein dicker Eisenklotz, fast vier Meter, etwa 1,50 Meter hoch, an den Kanten mit schweren Meißeln bestückt. Auf jeder Seite des Hobels führen dicke Ketten jeweils zu zwei Elektromotoren. Jeder dieser Motoren hat die Leistung von fünf Porsche und wiegt sieben Tonnen. Die Motoren ziehen den Eisenklotz an den schweren Ketten immer wieder durch den Flöz. Immer an der Kohle entlang, hin und zurück. Wie ein Käsehobel eben. Die Kraft, die unser Hobel entfaltet, ist gewaltig: Er kann Kohlespäne von durchschnittlich vier Zentimeter Dicke rausbrechen. Wenn die Kohle weich ist, schafft er sogar achtzehn Zentimeter dicke Späne. Das Wichtigste aber ist: Er hobelt auch eine Störung aus festem Stein im Kohleflöz einfach weg. Früher mussten wir diese Störungen wegbohren, schießen, sprengen. Der GH 42 schlägt Gestein bis zu einem Versatz von über zwei Metern einfach durch. Ein sehr schönes Gerät.

Ich habe 1975 nach der mittleren Reife meine Ausbildung angefangen, mit 15, als Betriebsschlosser auf der damaligen Schachtanlage „Heinrich Robert, Ausbildungsabteilung Werne". Nach der Lehre arbeitete ich als Betriebsschlosser und besuchte zwischenzeitlich die Technikerschule, war danach Steiger. 1990 konnte ich die Oberklasse besuchen, um dort einen Lehrgang zum Betriebsführer zu machen. Seither bin ich staatlich geprüfter Ingenieur. Ende 1999 kam ich zum Bergwerk Prosper-Haniel nach Bottrop. Hier leite ich den Bereich für die Elektrik und die Maschinentechnik unter Tage. Bergmann bin ich geworden, weil ich Architektur nicht studieren konnte. Ich bekam keinen Studienplatz. Mein Vater war im Bergbau tätig. Ich bin ihm einfach gefolgt.

Ich war auf einigen Zechen. Leider wurden alle Pütts, auf denen ich bislang war, nach mir zugemacht. Mein erster Wechsel von der Zeche Heinrich Robert zur Zeche Ewald war für mich sehr hart. Ich bin morgens durch den Lichthof auf Ewald gelaufen und hatte Tränen in den Augen. Jedes Bergwerk war früher eine Insel für mich und jeden Wechsel habe ich als schwer empfunden. Der nächste große Schritt kam, als ich auf der Zeche Prosper-Haniel anfing. Jetzt musste nicht nur ich einen neuen Job antreten, sondern meine ganze Familie war betroffen. Wir wechselten den Wohnort und zogen von Werne nach Reken ins Münsterland. Nicht leicht für meine Kinder. Aber es war damals schon klar, dass Ewald geschlossen wird, und wenn ich im Bergbau bleiben wollte, musste dieser Schritt sein. Es musste sein, und ich konnte nicht bis zu sechzig Stunden in der Woche arbeiten und dann noch jeden Tag zwei bis drei Stunden auf der Autobahn verbringen.

Die Entwicklung des GH 42 hat mich lange sehr beschäftigt. Wir hatten früher Hobel, deren Elektromotoren nur die Leistung von jeweils zwei Porsche an die Enden der Ketten brachten. Kleinere Störungen konnte man auch damit verhauen, aber nicht die großen. Flöze haben in der Abbaustrecke eine Breite von bis zu vierhundert Metern und eine Länge von bis zu zwei Kilometern. Zieht sich eine geologische Störung durch, dann reißt die Kohle auseinander und versetzt sich – im Flöz ist dann ein Sprung. Dieser Sprung ist mal fünfzig, mal achtzig Zentimeter hoch. Der Hobel muss dann von dem unten liegenden Flöz in das höher liegende Flöz fahren. Und um dies zu erreichen, legen wir den Anschnitt so, dass der Hobel den Verwurf überfahren kann. Trotzdem muss der Hobel immer Stein mitschneiden. Und wenn wir sehr harten Stein haben, wird die Operation immer schwieriger. Und je höher der Verwurf ist, umso komplizierter wird es, mit dem Hobel durchzukommen. Mit dem GH 42 wollten wir Zweimetersprünge im Flöz beherrschen.

Dafür braucht man aber Leistung, stärkere Ketten und bessere Anlagen. Bei den alten Hobeln war einfach keine Ertüchtigung mehr drin. Die Maschinen waren an ihrer technischen Grenze angekommen. Wir haben deshalb einen neuen Motor entwickelt, einen Ein-Megawatt-Elektromotor. Dann haben wir geprüft, wie wir die Kraft dieser Motoren auf einen größeren Hobel übertragen können. Zunächst fanden wir heraus, dass wir eine dickere Kette brauchen, dick wie ein Unterarm. Dann haben wir überlegt, was wir tun müssen, damit diese dicke Kette nicht ständig reißt, wenn wir die Kraft von fünf Porsche an ihr reißen lassen. Wir brauchten neue Gusskonstruktionen für die Kettenglieder. Dann haben wir den Panzerförderer optimiert, auf dem der Hobel durch den Streb läuft und der die abgehobelte Kohle aufnimmt und zum Förderband bringt. Schließlich passten wir den Schildausbau an, der die Bergleute schützt, die den Hobel bedienen.

Gleich die erste Anlage haben wir in einen sehr anspruchsvollen Flöz eingebaut. Wir hatten sofort gute Ergebnisse, weil wir nicht alles neu gemacht haben. Eigentlich hatten wir nur Probleme mit den Ketten, die den Hobel durch die Kohle gezogen haben. Die sind ziemlich häufig gerissen. Eine Hobelkette rasselt normalerweise über ihre stählernen Führungsschienen durch den Streb, ähnlich einer Ankerkette, die ins Meer fällt. Jede Sekunde macht die Kette etwa drei Meter. Wenn der Abbau läuft, ist dieses Geräusch gleichmäßig. Wenn der Hobel aber auf ein Hindernis trifft – etwa eine Störung aus hartem Stein – dann muss die Kette stark genug sein, um den Hobel durch dieses Hindernis zu ziehen, das Hindernis zu durchschlagen. Gerade zu Beginn waren die Ketten des GH 42 nicht stark genug. Die sind gerissen, wenn sich der Hobel mit seinen sechs Tonnen Gewicht von einem Bruchteil einer Sekunde auf den anderen festgefressen hat. Der Knall, der dabei entsteht, ist am ehesten mit einer großen Abrissbirne zu vergleichen, die in ein Haus reinhaut. Auf die einzelnen Kettenglieder wirken dabei Kräfte von bis zu hundert Tonnen. Das haben die Ketten nicht ausgehalten. Wenn an irgendeiner Stelle ein Glied gerissen ist, ist die Stahlkette auseinandergerissen, bis zu siebzig Meter weit. Wir mussten dann jedes Mal die Ketten wieder zusammenziehen und neu verschließen. Das bedeutete einen Stillstand von bis zu zehn Stunden. Durch eine bessere Steuerung und eine flexiblere Kette bekamen wir das Problem in den Griff. Kohle hobelt man nicht wie Holz oder Käse, denn Kohle ist mal härter und mal weicher. Mal sind Steine darin eingeschlossen, mal eine richtige Störung. Der Hobel fährt also an der Kohle nicht glatt vorbei, sondern ruckelt die ganze Zeit. Diese Dynamik muss die Kette aushalten können. Nach etwa fünfundsiebzig Arbeitstagen oder etwa vier Monaten im Betrieb tauscht man die Kette aus.

Wir haben den GH 42 ausschließlich mit deutschen Firmen entwickelt. Exportiert wird er heute in die ganze Welt. Ich glaube, dass der deutsche Bergbau auf diese Art, als „Hightech"-Lieferant, auch nach dem Ende 2018 weiterleben wird. Für mich als Ingenieur ist dies eine gute Erfahrung. Wenn man eine technische Entwicklung vom ersten Schritt bis zum letzten Schritt mitgemacht hat, wenn man erlebt, wie sich diese Maschine auf dem Weltmarkt durchsetzt – dann ist man stolz drauf.

Hans Jürgen Weiß, Jahrgang 1959, hat 1975 im Bergbau angefangen. Er lebt im Münsterland und genießt es, nach Feierabend mit seinem Hund spazieren zu gehen. Die Ruhe ist für ihn der richtige Ausgleich zum stressigen Job auf der Bottroper Zeche.

Kohlebergbau kann lebensgefährlich sein, erst recht, wenn er illegal betrieben wird. Der Essener Geologe Hartwig Gielisch, ein weltweit gefragter Experte zur Bekämpfung von Flözbränden und Bergbauschäden, hat in Indien nicht nur mit unterirdischen Feuern zu tun. Sondern manchmal auch mit maoistischen Rebellen.

Einige der größten Kohlebrände der Welt habe ich in Indien gesehen. Rund um Dhanbad im indischen Bundestaat Jharkhand brennt beinahe die gesamte Kohle, die oberflächennah ansteht. Das ist eine Fläche, die der Ausdehnung von Duisburg bis nach Paderborn entspricht. Im ganzen Jharia-Kohlenfeld, im ganzen Raniganj-Kohlenfeld – überall existieren unkontrollierte Kohlenfeuer.

Die Ursache ist eigentlich klar: Schwarzbau, illegale Pütts. Die Arbeiten im Berg erledigen die Leute nicht fachgerecht, sie holen die Kohle nicht vollständig aus den Flözen und treten Kohlenstaub breit. Irgendwann entzündet sich dann das Kohle-Luft-Gemisch. Die Flöze brennen und die Feuer fressen sich in den Berg. Manchmal kommt es zu Tagesbrüchen, wenn die brennende Kohle im Flöz nachbricht. Es gibt Bilder vom National Highway 33 in der Nähe von Dhanbad, wo Flammen zehn Meter hoch aus einem Loch mitten auf der Autobahn schlagen.

Zum Bergbau kam ich 1995, als ich nach dem Geologie-Studium bei der Montan Consulting anfing. Wir haben die gesamte Exploration der Ruhrkohle gemacht, also die Erkundung der Lagerstätten. Ich habe unter anderem auf der Bottroper Zeche als Geologe gearbeitet und dort die Flöze auf Störungen und ihre Qualitäten untersucht. Mittlerweile heißt unsere Firma DMT und ich konzentriere mich auf die internationale Kohlen- und Erzexploration. Ich arbeite in der ganzen Welt, von Sibirien bis Afrika.

Teil meines Jobs ist die Bekämpfung von Lagerstättenbränden wie denen in Indien. Das ist extrem wichtig für die Menschen vor Ort. Ein unterirdischer Schwelbrand in einem Kohlefeld ist wie eine Vor-Ort-Verkokung. Bedeutet: Alle Gifte, die in der Kokerei in Wannen aufgefangen und dann entsorgt oder weiterverarbeitet werden, gehen direkt ins Grundwasser. Das Benzol, Benzapyren und alles andere, was an Kohlenwasserstoffen entsteht, schwimmt später wie ein Ölfilm auf dem Grundwasser. Zwar trinkt kaum einer das Wasser aus dem Wasserhahn, weil man das Grundwasser in Indien sowieso nicht trinken kann. Aber die Menschen bewässern ihre Felder damit und so kommen die Giftstoffe in den Reis und in die Nahrungskette.

Schon die Reise zu meinen Arbeitsplätzen ist ein Abenteuer. Meist fliege ich nach Kalkutta. Dort übernachte ich in Clubs, die aus der englischen

Kolonialzeit stammen. Meist sind sie luxuriöser und billiger als internationale Hotels. Die sehen ziemlich genau so aus wie bei uns die Altbauten in den Großstädten: Die Decken sind 3,50 Meter hoch und der Service ist „very british“, beginnend mit dem „early morning tea“ zum Frühstück. Wie das so üblich war bei den Herrschaften damals. Mit gefallen die Clubs besser als diese seelenlosen Geschäftshotels, die von Wladiwostok bis in die Antarktis überall gleich aussehen.

Von Kalkutta aus fahre ich mit dem Zug rund 250 Kilometer westlich nach Dhanbad und mit dem Jeep weiter in die Kohlefelder. Dort erkunde ich dann mit meinem Team die Brandzentren und versuche herauszufinden, wie man löschen kann. Diese brennenden Flöze sind extrem gefährlich. Rund achtzig Prozent der indischen Bauern schlafen auf Bambusmatten direkt auf dem Boden. Wenn ein Kohlenbrand in hundert Meter Tiefe unter einer Hütte vor sich hin kokelt, merkt kein Mensch etwas von der Hitze des Feuers. Aber irgendwann brechen die ausgebrannten Flöze einfach zusammen. Dabei entstehen kleine Risse, die sich bis an die Erdoberfläche, bis unter die Bambusmatte des Bauern hochziehen können. Nun beginnt das nächste Problem: Durch die feinen Risse steigen Brandgase auf, besonders das Kohlenmonoxid ist gefährlich. Dieses Gas ist schwerer als Luft. Es konzentriert sich also am Boden der Hütte, genau da, wo die Leute schlafen. Bei einer Konzentration von 8000 Teilen Gas zu einer Million Luftpartikeln tötet Kohlenmonoxid einen Menschen bei nur einem einzigen Atemzug – weil man das Gift einfach nicht mehr aus der Lunge rauskriegt.

Wir haben in einigen bewohnten Dörfern Bodenkonzentrationen von 28000 Teilen Kohlenmonoxid zu einer Million Luftpartikeln gemessen. Da muss man nur einmal den Kopf in Bodennähe bringen und man ist tot. Und tatsächlich ist es schon häufiger in Indien passiert, dass die Menschen über den Brandnestern einfach im Schlaf vom Kohlenmonoxid vergiftet wurden, weil sie die Risse unter ihren Häusern nicht bemerkt oder nicht ernst genommen haben. Tja, und wenn die Risse dann noch größer werden, stürzen die Häuser in den Dörfern einfach ein. Auch das kommt vor.

Leider strömen mit den Gasen aber auch Schwefelverbindungen an die Oberfläche. Die Menschen riechen den Gestank und sie hauen ab; allerdings töten die Schwefelverbindungen alles Leben an der Erdoberfläche ab. Ich habe gesehen, wie sich gelbe Schwefelkrusten über etliche Quadratmeter hinziehen und jede Vegetation zerstören. Wir haben bei unserer Arbeit immer Gaswarngeräte dabei. Unsere Kohlenmonoxid-Messgeräte machen ein fürchterliches Theater, sobald der Grenzwert überschritten wird. Bei einem Einsatz ist ein Kollege durch ein Bachbett gegangen und stand mit dem Kopf zwei Meter tiefer als alle anderen. Und da ist sein Warngerät förmlich explodiert. In der Bachsenke hatte sich das Kohlenmonoxid offenbar bis zu seiner Brust gesammelt. Wenn er sich dort den Schuh zugemacht hätte, wäre es mit ihm vorbei gewesen. Zum Glück konnte er aus der Senke wieder raussprinten.

Wenn es uns nicht gelingt, die Brände zu löschen, können die Leute eigentlich nur noch wegziehen. Leider können wir nicht so viel machen, wie nötig wäre, denn die Löschaktionen sind ziemlich teuer, und auch wenn in Indien Geld für die Löscharbeiten bereitgestellt wird, versickert das meiste auf dem Weg vom Ministerium bis zum Einsatzpunkt vor Ort. Das Geld wird dann eher an der Côte d'Azur oder in Bangkok ausgegeben als im Dhanbad-Jharia-Kohlenfeld.

Beim letzten Mal hatten wir Glück und konnten ein Feuer löschen. Der Brand war in einem alten Tagebau ausgebrochen und hatte sich in etwa fünfzig Meter Tiefe in einen Hang gefressen. Problem dabei: Der Tagebau lag direkt neben einem Dorf, dessen Bewohner selbst die Lehmabdeckung des alten Flözes aufgebrochen und illegale Raubstollen angelegt hatten, um die Kohle auf dem Markt der nächsten Stadt zu verhökern. Man darf sich das nicht so vorstellen, dass sich Jupp aus dem Dorf nachts eine Schippe Kohlen holt. Die Flöze sind bis zu drei Meter mächtig, teilweise sogar bis zu zehn Meter. Das sind richtige illegale Betriebe. Und kein Mensch sagt etwas dagegen, weil wahrscheinlich alle irgendwie mit drinhängen. Ich habe selber einen Abbau gesehen, wo über hundert Mann in einem offenen Tagebau am helllichten Tag schwarz Stollen in die Wand getrieben haben. Selbst Militär und Polizei griffen nicht ein, weil die sonst gesteinigt worden wären von der Bevölkerung. Die Menschen leben von diesen halbindustriellen Pütts. Nur leider betreiben sie die Bergwerke nicht professionell. Die holen die Kohlen einfach raus und lassen die Stollen danach offen liegen. Immer wieder brechen dann Schächte ein oder fangen Feuer.

Wie im Tagebau neben dem Dorf. Die Leute dort haben durch die Abdeckschicht aus Lehm ein zwei Meter hohes und drei Meter breites Loch gebrochen und dann einen Stollen direkt durch die Kohle vorangetrieben. Und diese Restkohle hat dann einfach angefangen zu brennen. Das Problem an dieser Geschichte ist, dass in Indien in der Regel ein Kammer-Pfeiler-Bau betrieben wird. Das bedeutet: Die Kumpel dort lassen immer einen Teil der Kohlen stehen als Deckenstützen für die Abbaubereiche. Bis zu 60 Prozent vom Flöz bleiben so im Berg. Wenn nun diese Pfeiler auch anfangen abzukokeln, dann bricht das Gebirge einfach weg, weil der Druck der aufliegenden Schicht auf die schwächer werdenden Pfeiler zu groß wird. Ein Teufelskreis setzt ein. Es kommt zu den Rissen, aus denen Gase strömen. Gleichzeitig kommt Sauerstoff in die Grube und gibt dem Feuer neue Nahrung. Das führt zu neuen Rissen. Das ganze Chaos fängt an zu zirkulieren und irgendwann wird es extrem schwierig, das Ganze zu löschen.

Ganze Dörfer sind schon verschwunden. Die Häuser brechen zusammen wie Kartenhäuser, egal, ob sie aus Ziegeln oder Beton gebaut sind. Aufsteigende Gifte machen den Landstrich unbewohnbar. Und niemand haftet dafür, weil es meist die Leute selber sind, die den Teufelskreis in Gang gesetzt haben. Dummerweise ist der Bevölkerung nur selten der Zusammenhang zwischen Brand und Raubbau klar. Die schimpfen auf die böse Zeche, die das Gelände ruiniert hat; aber dass sie selbst die Brände ausgelöst haben, weil sie unsachgemäß Kohle geklaut haben, unprofessionell Bergbau betreiben, das verstehen sie nicht. Stattdessen demonstrieren sie gegen die Zechen. Es gab sogar schon gewalttätige Auseinandersetzungen. Selbst wir mussten uns bei der Brandbekämpfung im Gelände von zwanzig Bewaffneten bewachen lassen. Soldaten mit Kalaschnikows und einem schweren MG.

Im indischen Kohlerevier treiben sich auch maoistische Rebellen aus Bengalen rum: Naxaliten. Im Westen sind sie ein wenig bekannt geworden, weil es ihnen gelang, den König von Nepal zu stürzen. Die Naxaliten sind seit 2006 in Dhanbad unterwegs. Es gibt große Bereiche, in denen das Militär nur noch die Hauptstraße kontrolliert. Wenn wir in diesem Gebiet ein Kohlefeld explorieren, muss erst mal eine Wohltätigkeitsorganisation rein, die Nettigkeiten verbreitet, also Krankenhäuser und Schulen baut und Leute anstellt. Erst wenn diese Organisation gute Stimmung gemacht hat, können wir anfangen, zu arbeiten. Wenn wir ohne diese flankierenden Maßnahmen da reingehen würden, würden wir höchstens eine Kugel kriegen.

Die Bevölkerung ist wütend auf ihren Staat. Und sie sind wütend auf die Kohlenbergwerke. Die haben keinerlei Unrechtsbewusstsein. Das ist die Kohle, die unter ihrem Acker liegt – warum also sollen sie die nicht abbauen? Dass das Bergwerk eine staatliche Lizenz besitzt, interessiert nicht. Dass das Bergwerk sicherer abbaut, ist uninteressant. Wenn es aber brennt, wenn es zu Schäden kommt – dann sind immer die anderen schuld. Ich kenne den Fall eines Dorfs, das zusammenzubrechen drohte. Dort haben die Rebellen einen Bürgermeister, der zu einer „Erklärungstour" vorbeikam, zehn Stunden in einen Keller gesetzt und gedroht, ihn hinzurichten, wenn das Dorf nicht geschützt wird. Dieselbe rebellische Bevölkerung war so unvernünftig, in Häuser zurückzugehen, an deren Wänden Gaswarnungen standen. Die Leute bekommen vom Staat oder von der Zeche ein neues Haus mit Ackerland gestellt, aber das interessiert sie nicht. In der Nacht gehen sie in ihr altes Dorf zurück und wohnen wieder in ihrem alten Haus. Selbst wenn da in riesigen Lettern steht: „Betreten verboten! Lebensgefahr."

Im Fall des brennenden Tagebaus standen die Leute aus dem Dorf neben unseren Wagen und sahen aufmerksam zu, was wir da machten. Die Leute trugen Jeans oder einen Lendenschurz mit einem Polohemd drüber. Wir haben erklärt, dass wir versuchen, das Feuer zu lokalisieren und zu löschen. Das fanden alle nett. Wir durften mit dem Dorfältesten Tee trinken. Dann haben wir mit magnetischen Messungen und mit Seismoakustik den Brandherd lokalisiert. Stellen Sie sich ein knisterndes Lagerfeuer vor, bei dem das Holz aufgrund der Hitze bricht: Genau dasselbe passiert unter Tage. Nur dass hier die Steine brechen, wenn sie heiß werden. Das gibt kleine Wellen, wie bei einem Mikro-Erdbeben. Und diese Wellen können wir mit einer dreidimensionalen Anlage messen. So können wir genau sagen, wo und in welcher Tiefe das Gestein bricht. Dann haben wir den ersten Ansatzpunkt, wo es brennt.

Weitere Details können wir über Magnetikmessungen herausfinden. Einfach erklärt: Jedes Gestein rund um die brennenden Flöze hat einen gewissen Anteil an Eisen. Auch Sandsteine oder Tonsteine. Eisen verliert seine Magnetisierung ab 100 Grad Celcius. Bei 572 Grad Celcius ist es vollständig magnetfrei. Das bedeutet: Je wärmer es unter Tage ist, umso geringer ist die Magnetisierung der Nebengesteine. Das können wir direkt von der Oberfläche aus mit Magneten messen. Wenn die Gesteine sich wieder abkühlen, kommt die Magnetisierung zurück – aber dann zeigt der Nordpol des Eisens in den Steinen in eine andere Richtung. Denn nach dem Abkühlen richtet sich der Magnetismus des Eisens parallel zum aktuellen Erdmagnetfeld aus. Wir können also mit unseren Magnetmessanlagen feststellen, wo es in der Vergangenheit gebrannt hat, wo es jetzt brennt und wo es grade anfängt zu kokeln. Wir tragen diese Punkte alle in eine Karte ein und übergeben diese Karte mit Vorschlägen, wie man die Feuer löscht, an die Behörden oder Zechen vor Ort.

Im Fall des indischen Dorfes ging es reibungslos weiter. Der Brand war ja sehr oberflächennah, nur zehn Meter tief. Wir haben dann vorgeschlagen, die glühenden Kohlen einfach mit einem Bagger auszugraben und mit Wasser und Schaum abzulöschen. Anschließend sollten die Kollegen vor Ort das Ganze ordentlich mit Lehm abdecken. Keine große Arbeit. Man muss nur wissen, wo das Feuer ist.

Und das wissen wir.

Hartwig Gielisch, Jahrgang 1961, arbeitet seit 1995 mit Kohle. Für die Firma Montan Technologie ist der Geologe global im Einsatz. In Pakistan, Afghanistan oder der Mongolei sucht er nach neuen Kohlefeldern. In China und Indien ist er als Experte für Grubenbrände unterwegs. Die Löschaktionen sind für den Essener nicht nur Arbeit, sondern auch ein Beitrag zum globalen Umweltschutz: Die durch Grubenbrände entweichenden Schadstoffe entsprechen den Abgasen des gesamten Schwerverkehrs auf der Nordhalbkugel.

BERGFREIE

Papst Johannes
Paul II. besucht die Zeche,
und Betriebsrat Klaus
Hüls stehen aufregende
Stunden bevor.
Die Nachwirkungen
der Visite sind noch
lange zu spüren.
Im Ruhrpott wie auf
einem Parkplatz in Rom.

Dem Papst mit der Hauerfaust die Hand zu drücken, bis ihm die Tränen kommen, das ist ein erhebender Moment. Viele Leute sind ja schon froh, wenn sie irgendeinem Schlagerstar mal auf die Schulter klopfen dürfen. Was ich 1987 erleben durfte, war eine ganz andere Nummer: Ich begegnete Johannes Paul II., Papst und Pole, sympathisch, bescheiden, keiner, der eine große Schau abzieht, eher nach innen gekehrt, ein Mann mit einer ganz besonderen Aura. Als Gesamtbetriebsratsvorsitzender der Ruhrkohle habe ich seinen Besuch auf unserem Pütt mitgeplant. Meine Aufgabe war es, ihn zu begrüßen. Und da stand ich nun: vor mir der Papst.

In den 1980er-Jahren begannen für den deutschen Bergbau turbulente Zeiten. Ständig gab es neue Kohlerunden, neue Förderziele, neue Personalvorgaben. Dass alles ein Ende finden sollte, davon sprach noch niemand, doch das Schrumpfen der Belegschaft hatte schon begonnen. Als ich 1972 Betriebsrat wurde, zählte das Unternehmen 168.000 Mitarbeiter. Im Laufe der Zeit wurden wir immer weniger. Wer da ein bisschen nach vorne dachte, wusste, dass der Bergbau in Bottrop nicht immer weitergehen würde. Unsere Sorgen um die Zukunft, um unsere Arbeitsplätze und um die Schwierigkeiten im täglichen Leben der Bergmannsfamilien, diese Sorgen teilte auch der Papst.

Irgendwann wurde klar, dass Johannes Paul II. bei seinem zweiten Deutschlandbesuch unser Kohlerevier besuchen würde. Wir dachten, es wäre schön, wenn er nach Bottrop kommt, wo besonders viele Familien mit polnischen Wurzeln leben. Um die Frage, welchen Pütt er in der Stadt besuchen könnte, entbrannte ein kleiner Wettbewerb. Für Prosper-Haniel sprach, dass es ein sehr katholischer Pütt ist, schon immer. Im Gespräch war allerdings auch die Bottroper Kohleölanlage. Deren Werksleiter, er hieß Rudolf Specks, erntete Applaus für seinen Vorschlag, dass sich der Papst unbedingt eine hochmoderne Anlage anschauen müsse. Sie galt damals als Hightech-Betrieb. „Das Fernsehen kommt, die Presse wird sich interessieren, da müssen wir Zukunftsentwicklung zeigen, nicht irgendeinen Scheiß-Pütt“, argumentierten die Unterstützer von Specks damals. Die Kohleölanlage ist 1999 geschlossen worden.

Wir haben uns dann durchgesetzt und den Papst nach Prosper-Haniel geholt. Es mag auch eine Rolle gespielt haben, dass Bischof Franz Hengsbach, der nur ein Jahr später vom Papst zum Kardinal ernannt wurde, eine enge

Beziehung zu Prosper hatte. Seine Theologiestudenten mussten bei uns immer eine Grubenfahrt mitmachen. Der wichtigste Grund war wohl ein anderer: Die Polizei ging davon aus, dass auf unserem großen eingezäunten Platz die Sicherheit des Kirchenoberhauptes am ehesten gewährleistet war. Als die Reisepläne des Papstes konkret wurden, haben wir uns mit allen wichtigen Entscheidungsträgern zunächst ein Wochenende lang auf eine Jagdhütte in Hessen zurückgezogen, um unsere Gedanken zu ordnen. Da saßen nun der Bischof Franz Grave, Oberstadtdirektor Wallmann, Hanns Ketteler, Bergwerksdirektor von Prosper-Haniel, und ich und haben uns gefragt: Was macht man eigentlich genau, wenn der Papst zu Besuch kommt? Kommt ja nicht allzu häufig vor.

Ich war ein bisschen nervös: eine große Aufgabe, die ich übernommen hatte. Noch dazu bin ich katholisch. In der Gemeinde sprachen mich alle an: „Haste schon gehört? Der Papst kommt nach Bottrop!“ „Ja, das hätte ich wohl gehört.“ Ich war zu diesem Zeitpunkt schon ein halbes Jahr mit den Vorbereitungen beschäftigt. Klar war, dass wir jemanden brauchen, der die ganze Zeremonie angemessen inszeniert. Die gemeinsame Idee war ursprünglich, dass nur der große, in Bottrop geborene Regisseur August Everding die Regie übernehmen konnte. Wir haben mit ihm Kontakt aufgenommen und er hatte gleich ein paar dolle Ideen. Er wollte den Papstbesuch zu einer großen Show machen, so richtig modern, mit Energie, die vom Himmel regnet, und solchen Sachen.

Problem nur: Das kam bei den Bergleuten nicht besonders gut an. Die wollten in ihren traditionellen Trachten auflaufen, „Glück auf, der Steiger kommt“ singen und ein paar Fahnen schwenken. Was wiederum nicht ganz in die Vorstellungen eines Regisseurs von Weltrang passte. Zum Glück hatte Everding dann irgendwo in Übersee was zu inszenieren, sodass wir alle gut aus der Nummer herauskamen. Es gab das traditionelle Fest, genau so, wie sich das die Bottroper wünschten. Damit für den Papstbesuch alles hergerichtet werden konnte, haben alle ohne Murren angepackt. Die Meinung unter den Kumpeln war: „Wenn der Papst ausgerechnet auf unser Bergwerk kommt, dann muss das hier auch vernünftig aussehen.“ Es soll ja auch Leute geben, die von Kirche nichts halten und vom Papst noch viel weniger. Aber ein ablehnendes Wort habe ich von niemandem gehört. Niemand klagte: „Was soll der Scheiß? Was haben wir mit dem Papst zu tun?" Die Leute waren ausnahmslos sehr engagiert bei der Sache.

Es war eine große Arbeit, den Platz festlich herzurichten und eine stattliche Bühne aufzubauen. Herzstück war das große Kreuz, das erst vor dem Förderturm, schließlich dann auf der Halde errichtet wurde, damit man es auch vom Weitem sah. Die Auszubildenden hatten das Kreuz gezimmert. Wie gesagt spielt auch die Sicherheit bei einem solchen Besuch eine wichtige Rolle. Die Polizei kündigte an, das Gelände weiträumig abzusperren. Hätte jemand auf den Papst geschossen oder ihn angegriffen, wäre keine Maus mehr vom Zechenplatz gekommen. Waren auch genug Bergleute da. Die Abläufe der Zeremonie waren haargenau geprobt worden, damit jeder Schritt saß und die Stimmung richtig rüberkam. Wenn die Knappen die Fahne schlaff auf der Schulter trugen, dann schimpfte der Regisseur: „Ihr geht doch nicht zur Beerdigung, Kerle! Tragt die Fahnen mit mehr Schwung, Brust raus – und Musik ab."

Am Tag des Papstbesuches goss es wie aus Kübeln. Stundenlang warteten die geladenen Gäste unter ihren Regenplanen auf den Papst. Ich teilte eine Plane mit den damaligen Bundesministern Rita Süßmuth und Norbert Blüm. Trotzdem wurde mein neuer Anzug pitschnass. Als von Westen mit lautem Donnern fünf Hubschrauber heranschwebten, ließ der Regen nach. Was für ein Bild: Die Hubschrauber drehten eine Runde über unserem Platz und landeten schließlich. Viele Menschen säumten den Weg vom Landeplatz zur Bühne. Der Papst begrüßte alle, einige mit Handschlag. Eine Szene ist mir besonders in Erinnerung geblieben. In Bottrop-Ebel gab es einen blinden Pastor, den man so postierte, dass er den Papst nicht verfehlen konnte. Und tatsächlich hielt Johannes Paul II. bei dem armen Mann, sprach mit ihm und gab ihm den Bruderkuss. Dass dieser arme blinde Kirchenmann das erleben durfte, hat mich sehr berührt.

Auch wenn ich es natürlich gewohnt war, als Betriebsrat vor vielen Menschen zu sprechen, blieb es für mich als Bottroper Bergmann eine große Herausforderung, vor Tausenden Gläubigen auf dem Platz und vor der Welt den Papst zu begrüßen. In wohl gewählten Worten, versteht sich. An der Rede haben wir lange gefeilt. Der gute Bischoff Hengsbach wollte eine Rede mit viel „Heiliger Vater“ und frommen Worten. Ich musste aber auch die Balance finden, zwischen diesem Wunsch nach Frömmigkeit und den eingeladenen Leuten, die gar nicht viel von Kirche hielten. So ging es schließlich in meiner Rede um Mitbestimmung für alle und darum, dass von Deutschland niemals mehr Krieg ausgehen dürfe.

Meinen brandneuen Bergkittel durfte ich übrigens bei der Rede nicht tragen. Ich musste einen neuen Anzug anziehen, damit mein Auftritt nicht zu bergbaulastig aussah. Mein todschicker neuer blauer Anzug hätte mir beinahe noch zu unerwarteter Prominenz verholfen. Als ich nach Hause kam, schaute mich meine Frau von oben bis unten an: „Was ist denn mit deiner Hose passiert?“ Die Buxe war weit aufgerissen – anscheinend war sie ohne Unterfaden genäht worden. Mein Glück also, dass sie noch hielt, während ich vor den vielen Fernsehkameras den Heiligen Vater begrüßte. Es wäre bestimmt ein noch bleibenderes Erlebnis für alle Beteiligten geworden, wenn die Hose dort schon geplatzt wäre.

Aber alles lief glatt und würdevoll, natürlich in genauer Abstimmung mit dem Protokoll des Bischofs. Eintragung ins Goldene Buch der Stadt Bottrop, Reden, Händeschütteln, Auftritt des Knappenchors. Nachdem der Papst weitergereist war, waren wir alle unglaublich erleichtert, dass nichts passiert war und niemand Unsinn geredet hatte. Arbeitsminister Blüm brauchte erst mal einen Schnaps, wie er sagte. Für eine ruhige Minute wollten wir uns in mein Büro zurückziehen. Dazu wollten wir den Platz queren, um nicht durch die Menschenmengen an den vorgeschriebenen Ausgängen zu müssen. Sicherheitskräfte hielten uns auf. Auch jetzt, als der Papst schon abgereist war, wurden die Sicherheitsanweisungen absolut ernst genommen.

„Bitte benutzen Sie die offiziellen Ausgänge“, sagte ein Wachmann.

„Wir sind es doch nur!“, antwortete ich. „Sie kennen doch wohl den Arbeitsminister – und ich bin hier zu Hause.“

„Niemand darf über den Platz.“

So mussten Norbert Blüm und ich umkehren und uns in die lange Schlange einreihen, bevor wir mit einem Schnäpschen anstoßen konnten. Auch unser Bergwerksdirektor Ketteler war stolz: „Der Papst auf meinem Pütt – das hätte ich mir nie träumen lassen.“

Wie viel dieser Papstbesuch der Zeche brachte, ist mir erst hinterher klar geworden. Heute nennt man das wohl eine „nachhaltige Visite". Was haben wir dem Papst nicht alles an die Hacken gehängt: Er war weg. Wir aber hatten ein frisch gestrichenes Fördergerüst, neue Fenster, einen neuen Parkplatz und ein neues Stück Straße, vom dem die Belegschaft bis heute profitiert. All diese Gelder hätte der Vorstand nie für die Grube bewilligt, nur für den Papst. Wenn wir später mal Diskussionen hatten um Erneuerungen, etwa als die Steigerstube neu gemacht werden sollte, habe ich auf den Vorstandstisch geklopft: „Denkt an den Papst! Ich lade den Bundespräsidenten ein!" So hab ich dann auch meine neue Steigerstube gekriegt. Eine Kantine bekommst du eben schon mit der Androhung eines Besuchs durch den Bundespräsidenten. Für ein Fördergerüst, einen Parkplatz und eine Straße brauchste den Papst. Auch für mich persönlich hat der Besuch Auswirkungen gehabt. Wochen später, als ich mich gerade im Urlaub entspannte, erreichte mich ein Anruf des Bischofs: „Du musst zurückkommen. Der Papst hat euch zu Rittern ernannt."

Kein Quatsch.

Der Polizeipräsident, der beim Besuch für die Sicherheit des Papstes zuständig gewesen war, Werksdirektor Ketteler und ich wurden für unsere Verdienste rund um den Papstbesuch ausgezeichnet. Mit dem Gregorius-Orden. Im ersten Moment wusste ich nicht, was es damit auf sich hat.

Jetzt kann ich sagen: Wer sich als tüchtiger Katholik um Land, Leute und Kirche verdient macht, kann den Gregorius-Orden vom Papst bekommen. Das ist der päpstliche Ritterorden des heiligen Gregors des Großen. Damit wird man offiziell Ritter des Papstes. Ich habe mir sagen lassen, das sei einer der höchsten katholischen Orden, der an Laien verliehen wird. Viel später, zu einem Dienstjubiläum, haben mir meine Kollegen auch den dazugehörigen Rittersäbel geschenkt. Ein tolles Teil. Doch als die Enkel klein waren, haben wir den Rittersäbel lieber auf den Dachboden gelegt, damit nicht noch etwas passiert. Eigens nach Rom sind sie gefahren, um den Säbel für mich abzuholen. Eine feine Sache.

Bei der Ordensverleihung überreichte man mir nicht nur eine Urkunde, sondern auch die Ordensregeln. Leider sind die Regeln auf Latein, deswegen habe ich die noch nie gelesen. Aber ich weiß, dass ein Ritter des Gregorius-Ordens Privilegien genießt. Ich darf zum Beispiel in den

Gewässern des Vatikans angeln. Die Schweizergarde ist einem Gregorius-Ritter gegenüber grußpflichtig und sie müssen mein Pferd versorgen, wenn ich im Vatikan antrabe.

Das ist doch was.

Ich hab meine Privilegien auch schon mal ausprobiert, als ich die Chance hatte, den Papst ein zweites Mal zu sehen. Dieses Mal leider nicht von Angesicht zu Angesicht, sondern in der großen Audienzhalle des Vatikans. Als Bischof Hengsbach zum Kardinal ernannt wurde, reisten wir mit einem ganzen Omnibus voller Bergleute in den Vatikan. Ich war natürlich auch dabei. Wir hatten einen sehr forschen Busfahrer, der möglichst nah an der Audienzhalle parken wollte und frech vorfuhr. Sofort kam ein Schweizer Gardist angerannt und forderte, dass wir abhauen sollen. „Das ist die Stunde des Ritters", dachte ich.

„Hömma, Meister. Ich bin ein Ritter und das ist mein Pferd. Ihr müsst das versorgen. Kümmert euch drum", sagte ich und tippte auf meinen Orden, den ich vorsichtshalber am Revers trug.

Da wurde der Gardist kleinlaut. Er erkannte sofort, dass er einen Gregorius-Ritter vor sich hatte.

„Machen Sie jetzt bloß keinen Ärger", sagte er und entschuldigte sich. In der Sache aber blieb der Gardist hart.

„Ihr Pferd würden wir versorgen, Ehrensache. Aber das hier ist kein Pferd. Das ist ein Omnibus."

Seither weiß ich: So einen Orden kann man sich anstecken. Man kann ihn aber auch in den Schrank legen. Bringt ungefähr dasselbe. Trotzdem muss ich sagen, in dem Moment, in dem ich den Orden verliehen bekam, war das schon bewegend. Der Bergwerksdirektor Ketteler war stolz und ich war stolz. Wer ist schon heutzutage noch Ritter? Eben.

In Saarbrücken, wo ich später gearbeitet habe, bin ich oft auf den Papstbesuch angesprochen worden. Die sind alle sehr katholisch im Saarland: „Ei, Sie waren also der Bergmann, der den Papst von Angesicht zu Angesicht getroffen hat." Auch mein polnischer Nachbar hat vor seiner Verwandtschaft mächtig damit angegeben, dass ich den Papst persönlich kenne. Die waren richtig ehrfürchtig, und die Geschenke, die ich ihnen machte – einen Bergmannskittel mit goldenen Knöpfen und einen Bierkrug mit Spieluhr, die das Steigerlied spielte waren in der polnischen Heimat etwas ganz Besonderes. Man habe Kerzen beim heiligen Stanek, dem polnischen Nationalheiligen, für mich angezündet, erzählten sie. Auch das waren also Privilegien, die ich als Ritter hatte, weil ich mal den polnischen Papst getroffen habe.

Jenseits aller Scherze: Der Tag, an dem der Papst in Bottrop war, hat auch etwas verändert. Kein Handwerker ist dadurch nicht pleitegegangen und auch der Bergbau wird deswegen nicht ewig weiterlaufen. Aber das öffentliche Bekenntnis zur katholischen Kirche hat den Umgang untereinander verändert. Manchmal sogar entscheidend. In so einem Riesenbetrieb gibt es wie überall auch Konflikte, Situationen, wo jemand in die Scheiße tritt. Ich hatte als Betriebsrat die Aufgabe, denen zu helfen, die in Not waren. Auch wenn jemand geklaut oder gesoffen hat. Ginge es in solchen Fällen nach Betriebsverfassungsgesetz oder nach Arbeitsrecht, wäre die fristlose Kündigung gerechtfertigt und zwangsläufig gewesen. Da habe ich gelegentlich zu Herrn Ketteler gesagt: „Weißt du was, rechtlich ist die Sache vielleicht klar. Aber wir können hier nicht die Ritterkluft anlegen, den Papst einladen und öffentlich das Christentum raushängen lassen. Und dann unchristlich handeln: Wir müssen das hier mal ganz anders angehen. Der Mann fliegt nicht raus. Der bleibt hier. Denk mal nach, welche Folgen das für den hat, mit seiner Familie und seinen drei Kindern."

Ob das heute noch gilt, weiß ich nicht. Ich kenne die Leute nicht, die heute solche Entscheidungen treffen. Aber damals zwischen den beiden Rittern, dem Bergwerksdirektor Ketteler und den Betriebsrat Hüls, da hat das eine Rolle gespielt. Manchmal war der Tag, an dem der Papst da war, mein Notanker, wenn ich nicht mehr weiterwusste.

Ich fürchte nur, so schnell kommt wohl kein Papst mehr nach Bottrop.

> **Klaus Hüls, Jahrgang 1938, lebt immer noch in Bottrop. Seine beiden Kinder suchten ihr Glück fernab der Zeche. Sein Sohn ist Lotse auf der Elbe. Den Rittersäbel des Gregorius-Ordens holt er nur ganz selten raus, um ihn seinen beiden Enkeln mal zu zeigen.**

Andreas Morisse hat die Arbeit unter Tage geliebt. Heute setzt er sich für seine Siedlung in der Welheimer Mark ein. Ein Viertel zwischen Schnellstraße und Öltanks, das es eigentlich nicht mehr geben sollte.

Ich komme aus Essen. Wenn ich dort erzähle, dass ich Bergmann bin, schauen mich die Leute an wie ein seltenes Fossil. Das ist einfach so. Die Generationen, die jetzt im Ruhrgebiet nachwachsen, haben überhaupt kein Verhältnis mehr zu den Berufen, die einmal unsere Region groß gemacht haben. Die wissen nicht, was es heißt, ein Bergmann zu sein. Gerade in Essen. Deswegen lebe ich gerne in meiner Bottroper Siedlung. Denn hier gibt es das noch, das alte Ruhrgebiet.

Als ich mich damals, 1983, entschieden habe, eine Lehre auf der Zeche zu beginnen, hat meine Mutter zwei Monate lang nicht mit mir gesprochen. Die hatte noch eine andere Vorstellung von Bergbau. Sie dachte an Presslufthämmer und schlimme Unfälle. Sie meinte, das sei doch nichts für den Jungen, da in der Grube zu arbeiten. Ich war damals auf dem Gymnasium in der 12. Klasse. Auf gar keinen Fall sollte ich Bergmann werden. Ich habe die Schule trotzdem abgebrochen und mich gegen ihren Widerstand auf der Zeche beworben. Ich wurde Bergmann. Und das war die beste Entscheidung meines Lebens.

Bei allen Schwierigkeiten mag ich meinen Beruf. Ich genoss die Freiheit unter Tage. Ich hatte viel mit Technik zu tun. Und ich habe doch immer in der Natur gearbeitet, jedenfalls sehe ich das so: Das Gebirge unter Tage ist für mich auch Natur. Nur eben ein härteres Element als der Wald. Und natürlich mochte ich es auch, einige Jahre lang Betriebsrat zu sein, weil man den Menschen wirklich helfen konnte. Ich mochte die große Kameradschaft der Kumpel, weil man ständig auf sich aufpassen musste. Von meinen alten Bekannten in Essen hat das kaum einer verstanden, was mich aber nicht wundert. Nur wenige haben über ihre Familie oder Freunde noch irgendwelchen Kontakt zur Zeche.

Es hat wirklich ein großer Wandel im Ruhrgebiet stattgefunden. Ich glaube zwar, dass wie früher eine große Solidaritätswelle innerhalb der Region möglich ist, und ich glaube auch noch, dass Widerstand gegen eine ungerechte Politik aufgebaut werden kann. Aber da muss schon sehr viel passieren. Wegen „Kleinigkeiten" wird sich kaum noch jemand auf die Straße stellen. In Bottrop, hier bei uns in der Siedlung in der Welheimer Mark, ist es noch ein wenig wie früher. Hier kennen alle den Bergbau. Hier haben alle einen Bezug zur Zeche. Und hier haben die Leute um ihre Siedlung gekämpft, als sie fast aufgegeben wurde.

Die Häuser in unserer Siedlung wurden ab 1952 gebaut. Also kurz nach dem Krieg. Alles war hier sehr homogen. Hier haben immer viele Bergleute gelebt. Die Menschen sind sehr jung hierher gekommen, haben ihre Kinder großgezogen und blieben in der Siedlung wohnen, bis sie in Rente gingen. Keiner wollte hier wirklich weg. Na ja, und so ist die Siedlung überaltert. Es gab sogar Stimmen in der Stadtverwaltung, die Siedlung ganz aufzugeben. Es gab Leerstände und einige Wohnungen konnten nicht mehr vermietet werden. Tatsächlich ist nicht alles perfekt. Die Welheimer Mark liegt ein wenig abgeschieden am Stadtrand zwischen der Schnellstraße nach Essen, die irgendwann zur Autobahn ausgebaut werden soll, der Emscher, dem größten offenen Abwasserfluss Deutschlands und einer großen Güterbahnstrecke. Auf der einen Seite begrenzt das Gelände der geschlossenen Zeche Prosper II die Siedlung und auf der anderen Seite ein riesiges Öltanklager.

Eigentlich keine Gegend, der man eine Chance gibt. Aber wir haben hier zusammengehalten und gekämpft. Wir konnten unsere Grundschule erhalten und ein Gemeindezentrum. Wir haben Förderanträge an das Land geschrieben für den familienfreundlichen Umbau der Häuser und Grünanlagen. Und wir haben einiges bekommen. Wir konnten ökologische Regensammelanlagen bauen und grüne Gärten und einen Fußballplatz erhalten. Wir haben nicht aufgegeben. Und nun ziehen hier wieder neue Familien ein, die eigentlich überhaupt nichts mit der Welheimer Mark zu tun haben. Sie kommen, weil ihre Kinder hier nah am Haus zur Schule können. Sie kommen wegen des Gartens, weil sie eine Terrasse haben in einer bezahlbaren Wohnung. Das sind alles Sachen, die wichtig sind. Etliche alte Häuser sind heute frisch gestrichen und sehen einfach freundlich aus. Die Menschen kennen sich, grüßen sich auf der Straße und helfen einander, wenn es nötig ist. Und die Emscher wird ja auch renaturiert. In ein paar Jahren ist das hier eine kleine grüne Oase.

Ich glaube, es hat auch etwas mit dem Geist der Bergarbeiter zu tun, dass wir in der Siedlung den Wandel zum Positiven hingekriegt haben. Jeder Fünfte hier ist Mitglied in der Bergarbeitergewerkschaft. Knapp siebzig Prozent haben in der letzten Kommunalwahl den SPD-Kandidaten gewählt. Wir hatten hier schon den Franz Müntefering bei einer Kundgebung in der Siedlung draußen am Brunnen. Unsere Siedlung war damals schon auf einem guten Weg. Und da wollten wir ihm zeigen, dass sich was bewegt im Revier. Damals war der Müntefering Vizekanzler. Und Peer Steinbrück war auch schon am Brunnen.

Und das ist auch wichtig; jetzt mal ganz unabhängig vom Wahlkampf. Die Politiker müssen sehen, dass ihre Programme vor Ort auch was bringen. Sie müssen sehen, dass die Wohnungsbauförderung und auch die anderen Projekte einen Stadtteil wie unseren unterstützen und retten können. Wenn sie das sehen und verstehen, können wir mit unserem Beispiel auch anderswo etwas zum Guten verändern.

Andreas Morisse, Jahrgang 1962, kam 1983 auf die Zeche.
Er lebt in seiner Siedlung und will dort nie wieder wegziehen.

ESPRIT

In den Himmel blinzeln, warten, bis ein fliegender Punkt auftaucht: Taubenzüchter zu sein, ist für Klaus Düngelhoff das Größte. Vor allem dann, wenn der Top-Vogel unterwegs ist und im Flugverkehr alles störungsfrei läuft.

Seit vier Jahrzehnten züchte ich Tauben. Aber den Höhepunkt, das spannendste Rennen, erlebte ich erst im vergangenen Jahr. Beim Endflug von Wels in Österreich zurück in den Ruhrpott machte meine vierjährige Täubin, die Dunkelgehämmerte, den ersten Platz von 451 Tauben aus Bottrop. Von allen Vögeln aus unserem Bezirk erreichte sie den dritten Platz. Platz drei unter dreitausend Startern. Und aufs Ruhrgebiet gesehen schaffte sie den 87. Platz von mehr als zehntausend Tauben. Wahnsinn, oder? Wels ist eines der wichtigsten Rennen in Europa. Die Dunkelgehämmerte fliegt von Österreich aus sechshundertvierzig Kilometer ins Ruhrgebiet und kommt mit einem Vorsprung von fast drei Minuten an. Ich habe schon nach den Trainingsflügen geahnt, dass die Täubin was draufhat. Die Momente, als ich sie hoch oben anfliegen sah, wie sie dann in meinen Schlag gefallen ist, werde ich nie vergessen.

Es geht nicht nur um Platzierungen, sondern auch um Geld. Eine erfolgreiche Täubin ist schon einiges wert. Natürlich nicht wie die richtig großen Sieger, aber für mich schon. Vor einiger Zeit wohnte ein Züchter in Bottrop, der auf dem großen Flug von Barcelona den ersten Platz gemacht hat, in der nationalen und in der internationalen Wertung. Dieser Barcelona-Flug ist nicht irgendein Wettbewerb, das ist der „Kaiserflug“, ein Rennen über tausenddreihundert Kilometer und das vielleicht wichtigste in der Welt. Vergleichbar mit einem Ultramarathon, bei dem die Tauben anderthalb Tage unterwegs sind. Nach dem Rennen klingelte es beim Kumpel an der Haustür: Ein Chinese stellte sich vor, der die Siegertaube kaufen wollte. Er hatte einen Koffer dabei, mit einer Menge Geld. Der Kumpel sagte aber: „Nein. Die Taube verkaufe ich nicht.“ Am nächsten Tag kam der Chinese wieder mit seinem Koffer. Er sagte: „Die Taube kriege ich doch.“ Und dann hat er den Deckel hochgeklappt: 45.000 Euro waren im Koffer.

Eine gute Taube kann in Deutschland bis zu fünftausend Euro bringen, wenn die Abstammung stimmt. Wenn deren Eltern und Geschwister gut fliegen. Es gibt sogar Züchter, bei denen bezahlt man nur wegen der guten Zucht für ein Ei fünfhundert Euro, obwohl man noch nicht mal weiß, ob da überhaupt ein Junges rausfällt. Ich bin mit meiner Zucht schon erfreulich weit. Bei meinen Tieren kann ich mit achtzigprozentiger Wahrscheinlichkeit sagen, dass sie Erfolge einfliegen.

45.000 Euro? Da brauchte mein Kumpel nicht lange zu überlegen. Was sollte er auch machen? Er hätte die Taube am nächsten Morgen aufsteigen lassen können, damit sich ein Raubvogel den Champion holt. Dann wäre das Geld weg gewesen und die Taube auch. Vielleicht hätte er noch einmal draufsetzen können, dass der Chinese ein drittes Mal klingelt, mit noch mehr Geld in seinem Koffer. Aber was wäre gewesen, wenn der Mann nicht mehr gekommen wäre? Wie auch immer: Der Kumpel hat die 45.000 Euro genommen und mit den Eltern des Siegers neue Tauben gezüchtet, die auch gut im Rennen liegen.

Ich selbst habe mit der Taubenzucht früh angefangen. Ich war zehn Jahre alt, als mich mein älterer Bruder in den Garten schob. Mitten auf der Wiese stand ein kleines Taubenhäuschen auf einem Pfahl, ein Meter mal ein Meter im Grundriss, mit kleinen Fensterchen drin und allem, was dazugehört. Und in dem Häuschen saßen zwei Tauben, ein blauer Vogel und ein schwarz-weißes Weibchen. Mein Bruder sagte: „Für dich, zum Namenstag." Zuvor hatte ich mit Tauben nichts am Hut. Mit diesem kleinen Häuschen fing alles an.

Natürlich wollte ich direkt an Rennen teilnehmen. Mein Bruder hatte nichts dagegen, meinte aber, dass der Vogel sowieso keinen Preis gewinnt. Aber ich durfte mitmachen. An die erste Tour kann ich mich gut erinnern: Der Himmel war rabenschwarz. Ein Gewitter stand kurz bevor und ich stand neben meinem Taubenhäuschen. Ich wusste nicht, wo die Tauben herkommen, aber ich hatte Angst, dass sie vor dem Gewitter abhauen und sich verfliegen. Aber dann sehe ich meinen Vogel, der auf den Schlag meines Bruders zuhält und dann eine enge Kurve zieht – um direkt in meinem Häuschen zu landen. Mein Bruder war sauer: „Was ist das denn?" Ich war stolz! Irgendwann hatten der Blaue und die Schwarzweiße dann die ersten Jungen. Mit der Zeit wurden meine Taubenhäuschen immer größer. Schließlich habe ich mich mit meinem Bruder zusammengetan. Seither halten wir unsere Tauben gemeinsam in mehreren Schlägen in der Stadt.

Selbst in meiner Zeit auf der Zeche habe ich mich nebenher immer um meine Tauben gekümmert. Insgesamt arbeitete ich 25 Jahre lang in der Grube. Ich habe als Schlosserhelfer angefangen, dann als Schlosser unter Tage gearbeitet und bin schließlich sogar Maschinensteiger und Fahrsteiger geworden. 2005 musste ich mit 51 Jahren ausscheiden. Ich hätte gerne noch weitergemacht, aber es ging nicht mehr. Da konnte mir auch kein Obersteiger mehr helfen. Unser Werkschef wollte zwar, dass ich wenigstens noch zwei Jahre länger mache. Aber selbst das ging nicht mehr. Unser Personalbüro hat gesagt, wenn der Werkschef meint, du müsstest länger bleiben, dann muss er selbst gehen. Klare Ansage: „Einer von euch beiden muss weg." Damit war das Kapitel Zeche für mich gelaufen. Seither kümmere ich mich vor allem um meine Tauben.

Wie gesagt, wir haben mehrere Schläge. Einen für die Alttauben, die ihr Gnadenbrot kriegen, einen für die Reisetauben und einen großen Jungtierschlag. Dann haben wir noch einen Schlag, in dem wir die Weibchen eine Woche vor einem Rennen von ihren Vögeln trennen, damit die Renner richtig Dampf kriegen, um möglichst schnell nach Hause zu kommen. Zu Hause habe ich noch eine Voliere für meine zwanzig besten Vögel, mit denen ich die Zucht vorantreibe. Das sind zwar auch Reisetauben, aber die dürfen nicht mehr raus. Ich möchte sie nicht an den Habicht verlieren.

Allein in diesem Jahr haben mir Greifvögel fünfzig Stück verscheucht. Im März hat der Habicht sich neun Tauben geholt, die hat er gerissen. Ein paar halbe Tauben fand ich später, die anderen sind einfach abgehauen. Fliegen um ihr Leben: Hauptsache weg, egal wohin, nach Gott weiß wohin. Nur bei trainierten Tauben hat der Greifvogel wenig Chancen. Die sind genauso schnell wie er und ebenso wendig. Aber die Jungen kann er sich so schnappen. Die wissen zwar instinktiv, dass sie vor dem Habicht abhauen sollten, aber wenn der Greifvogel erst mal über ihnen fliegt, bewegen sich junge Täubchen vor Angst so langsam, dass man sie mit der Hand aufnehmen kann.

Manchmal bekomme ich später eine meiner verirrten Tauben zurück. Sie tragen einen Ring um den Fuß, auf dem meine Telefonnummer steht. Letztens rief mich ein Privatmann aus Thüringen an, der eine meiner Tauben in seinem Garten gefunden hatte. Leider konnte ich nicht für eine Taube nach Thüringen fahren, aber ein befreundeter Züchter, der in der Nähe wohnt, hat sie für mich abgeholt. Dann ging es schnell. Es gibt kommerzielle Tiertransporter, die Tauben innerhalb von 24 Stunden an jeden Punkt in Deutschland bringen.

Zocken kann man mit den Tauben heute nicht mehr richtig. Früher waren sie „das Rennpferd des kleinen Mannes". Heute aber ist das Wetten nicht mehr so gefragt. Die Konkurrenz ist eine andere gegenüber früher. Bei uns in der

Reisevereinigung darf zum Beispiel jeder nur fünf Euro auf eine Taube setzen. Das geht dann in einen Pott. Der Sieger bekommt die Hälfte, der zweite und dritte Sieger teilen sich die andere Hälfte. Aber so richtig lohnt sich das nicht, weil es einfach zu große Unterschiede zwischen Züchtern gibt. Die guten Schläge bringen jedes Jahr richtige Kracher in die Luft. Das machen die kleinen Züchter eine Zeit lang mit, dann haben sie die Nase voll. Ich kann zum Beispiel sagen, eine meiner Reisetauben holt bei dreizehn Touren im kommenden Jahr locker acht Preise. Weil diese bestimmte Taube das bisher immer gemacht hat. Und wenn die Taube das nicht schafft, liegt es nicht an der Taube, sondern daran, dass ich irgendetwas falsch gemacht habe oder unterwegs irgendwas passiert ist. Auf jeden Fall hat ein anderer Züchter keine Lust, gegen meine Taube zu setzen, wenn ich mit ihr schon fünfmal den Pott geholt habe. Bei den Jungtieren lohnt sich das Wetten noch bis zur zweiten oder dritten Tour, bis man erkennt, ob die Taube nicht nur gut aussieht, sondern auch was bringt.

Das Wichtigste in der Rennvorbereitung ist, die Motivation der Tiere herauszufinden. Was spornt sie an, damit sie möglichst schnell nach Hause wollen? Es gibt einige Tricks. Eigentlich sind Tauben monogam. Das heißt, eine Taube bleibt ein Leben lang mit ihrem Partner zusammen. Es kann also gut sein, wenn man das Paar vor einem Preisflug trennt, dass der Rennvogel aus diesem Grunde möglichst schnell nach Hause zu seiner Alten will. Andere Tauben bewachen ihr Nest fanatisch. Die motiviert man am besten, indem man ihnen mehrere Eier unterschiebt und sie dann eine Zeit lang von ihrem Gelege wegschickt. Andere Tauben wiederum verteidigen ihre eigene kleine Zelle, in der sie im Schlag hocken. So war das zum Beispiel im Falle der Täubin, die im letzten Jahr den großen Sieg eingeflogen hat. Die hatte acht Wochen keinen Mitbewohner, weil der von einer Tour nicht mehr zurückkam. Sie saß allein in ihrer Zelle und dachte wohl: „Mein Reich, mein Haus, hier kommt keiner rein." Und das reichte offenbar aus, um sie für den Flug aus Österreich optimal anzuspornen. Es darf eben nur kein Gewitter oder einen Sturm geben. Dann sind alle Planungen im normalen Flugverlauf gestört und selbst die beste Motivation zieht nicht mehr.

Etwa viertausend Tauben haben wir mit unserem Kabinenexpress von Österreich aus auf die Reise geschickt. Samstagmorgen, um 6 Uhr in der Früh, stiegen sie auf. Der ganze Pulk flog hoch und drehte ein paar Runden über dem Startplatz, bevor sie alle Richtung Heimat flogen. Wir wussten, dass sie ungefähr achtzig Kilometer in der Stunde schaffen würden, und konnten uns ausrechnen, wann sie ungefähr ankommen. Wie die Tauben sich orientieren, das wissen wir nicht. Nur dass sie Abweichungen durch den Wind gegensteuern, um nach Hause zu fliegen. Das Wetter war gut. Nicht zu heiß, nicht zu kalt. Die Sonne schien nicht zu stark und meine Taube hatte leichten Rückenwind. In Plettenberg kamen die ersten Wettbewerber früh rein. Wir wussten dann, dass es noch etwa eine Stunde dauern würde, bis unsere Tauben in Bottrop landen würden. Ich stand mit meinem Bruder im Garten. Und da haben wir sie gesehen. Zuerst nur ein Pünktchen. Dann fiel meine Täubin schon wie ein Stein in den Schlag.

Leider muss man sich irgendwann von einigen Tauben trennen. Ich hatte mal eine Taube, die wurde einundzwanzig Jahre alt. Sie war am Ende blind, konnte nicht mehr richtig fressen und musste aus der Hand gefüttert werden. Aber auch das ging irgendwann nicht mehr. Normalerweise werden Tauben etwa zehn Jahre alt. Auf Reisen können sie etwa sechs Jahre lang gehen. Ein Zuchtpaar zieht im Jahr locker vier bis sechs Junge auf. Ich halte zwanzig Zuchtpaare. Ich kann doch keine Farm aufmachen! Tauben, die wegmüssen, bringe ich zu einer Schlachterei.

Klaus Düngelhoff, Jahrgang 1953, ist Vorsitzender der Bottroper Brieftaubenreisevereinigung und auch sonst typischer Taubensportler und Bergmann. Zur Zeche kam der gelernte Industriekaufmann allerdings erst auf Umwegen. Zunächst Industriekaufmann, dann bei der Bundeswehr und stellvertretender Lagerhausleiter bei Karstadt. Erst als er genug hatte von Anzug und Schlips, heuerte er doch im Bergbau an.

Arbeit auf deutschen Zechen bedeutete für viele Koreaner den einzigen Notausgang, dem Elend der Heimat zu entkommen. Jin Kun Baek war einer von ihnen. Er hielt vieles aus: Maloche, Druck, blöde Sprüche. Die Geschichte von einem, der niemals aufgibt.

Ich erinnere mich an die Dunkelheit, damals, als ich aus dem Flugzeug stieg. Düsseldorf, 10. Februar 1971, alles ums uns herum war finster. Wir waren völlig übermüdet und wussten nicht, wo wir waren. Der Himmel war bewölkt und es war kalt. Vierundzwanzig Stunden Flug von Seoul über Alaska lagen hinter uns. Die nächsten drei Jahre sollten wir nun als Gastarbeiter arbeiten, als Bergleute in Bottrop. Für diese Chance hatte ich hart gekämpft.

Das Land, aus dem ich kam, schien damals am Ende zu sein. In Korea gab es keine Jobs und keine Perspektiven. Sechsunddreißig Jahre lang hatten die Japaner unsere Halbinsel besetzt und ausgebeutet. Dann gab uns der Koreakrieg den Rest. Als die Kämpfe 1951 ausbrachen, war ich gerade drei Jahre alt. Ich kann mich nicht mehr an viel erinnern, nur an Bruchstücke. Zum Beispiel weiß ich noch, wie ich auf der Flucht vor den Kommunisten staunte, als riesige Lkw-Konvois über Wasser fuhren. Das Bild habe ich noch vor Augen. Tatsächlich war es aber wohl kein Wunder, sondern eine Ponton-Brücke über den Han-Fluss, die mich so verblüffte.

Die Kommunisten besetzten damals unser Land bis auf eine kleine Region im Süden, rund um die Stadt Busan. Wir flohen dorthin. Es war eine elendige Zeit. Ich kann mich daran erinnern, wie wir vor den Kämpfen in Bunker flohen und wie die Erde bebte und Sand von der Decke bröckelte, wenn eine Bombe einschlug. Ich war noch sehr klein. Der Krieg dauerte drei Jahre: Der Kampf und die Flucht ließen meine Familie auseinanderbrechen. Ich bin der jüngste, habe drei Brüder und eine Schwester. Wir blieben bei meiner Mutter und Großmutter. Meinen Vater habe ich erst viele Jahre nach dem Krieg wieder getroffen. Er war ein Geschäftsmann und handelte mit Seidenstoffen. Ich weiß sehr wenig über ihn – jedenfalls hatte er viel Geld.

Was Bergleute machen, erfuhr ich von meinem älteren Bruder. Als die Deutschen Arbeiter für ihre Zechen im Ruhrgebiet suchten, kamen sie auch nach Korea. Mein Bruder gehörte zu den ersten Männern, die sich freiwillig meldeten. Wir sahen in der Arbeit die einzige Chance, dem Elend zu entkommen. Mein Vater unterstütze uns damals nicht. Das kleine Vermögen meiner Großmutter war nach dem Krieg schnell verbraucht. Als dann meine Mutter schwer erkrankte und nicht mehr arbeiten konnte, begann eine wirklich harte Zeit. Wir mussten unser Haus verkaufen und in immer kleinere Hütten ziehen. Schließlich wohnten wir irgendwo am Stadtrand von Seoul.

Vor allem mein dritter Bruder kümmerte sich um uns, so gut es ging. Aber als General Park Chung-hee nach einem Putsch an die Macht kam und sich zum Präsidenten machte, ging mein Bruder pleite. Er hatte alte Militärsachen verkauft, und dies wurde von der Militärregierung verboten. Mein Bruder musste dann eine andere Möglichkeit finden, unsere Familie zu ernähren. Es kam ihm zugute, dass Präsident Park ein Anwerbeabkommen zwischen Deutschland und Südkorea abschloss. Jetzt konnten wir auswandern, wenn wir bereit waren, hart zu arbeiten. Männer konnten Bergleute werden. Frauen durften als Krankenschwestern nach Deutschland. Das war für die Koreaner damals die erste und einzige Möglichkeit, überhaupt ins Ausland zu gehen. Akademiker, Ingenieure, Professoren, Studenten – alle wollten weg. So gab es tausende Bewerbungen auf ein paar hundert Stellen als Bergmann.

Die Militärs wählten aus, wen sie nach Deutschland schickten. In Prüfungen kamen nur die Besten durch. Mein Bruder ist beim ersten Versuch durchgefallen. Aber das konnte ihn nicht abhalten. Er versuchte es noch einmal: Ein ganzes Jahr lang hat er von morgens sechs bis abends zehn Uhr am Schreibtisch gesessen und gelernt, gelernt, gelernt. Nur so konnte er die schweren Prüfungen in Physik, Chemie, Mathe und Englisch bestehen. Wer zeigte, dass er klug ist und zu den Besten gehört, wurde in die Fremde entlassen. Nach den Wissenstests wurde ausgewählt: Die Männer durften nicht krank, sondern sollten stark sein und eine Mindestgröße haben. Wer nicht genügend Sandsäcke schleppen konnte, durfte gleich wieder gehen. Mein Bruder hat es schließlich geschafft. Er bekam einen Vertrag, den er erfüllen musste. Aber er blieb nicht lange in Deutschland. Nachdem er seine Pflichtjahre auf der Zeche rumhatte, schaffte er den Sprung nach Amerika, nach New York City. Diese Idee trieb viele um: Wir wollten aus einem Land ohne Perspektive hinaus in die weite Welt, um unser Glück zu finden. Und wenn dieser Weg ins Glück durch ein Nadelöhr namens Bottrop führte und mit Schwerstarbeit in einer Zeche verbunden war, dann sollte das eben so sein.

Nach der Schule musste ich als Flugzeugmechaniker meinen Wehrdienst bei der Luftwaffe ableisten. Im Juni 1970 wurde ich aus dem Militär entlassen und

Bottrop: 12.10.1978 wurde ich geboren

fand keinen Job. Eines Tages zeigte mir meine Schwester eine Zeitungsannonce: „Hier, wäre das nicht auch was für dich?", fragte sie. Deutschland suchte immer noch koreanische Bergleute. Ich zögerte nicht. Damals verdiente ein Bergmann in Deutschland im Verhältnis zu einem Arbeiter in Korea sehr viel Geld – heute ist es wohl genau umgekehrt.

Wie auch immer. Ich erzählte meinem Vater von meinen Plänen. Er schimpfte. Er sagte, er könnte mir auch einen Job im Fahrzeugbau beschaffen, sogar einen ganz guten. Ich habe nicht auf ihn gehört. Hätte ich es getan, würde ich vielleicht heute besser leben. Korea hat einen enormen wirtschaftlichen Aufstieg erlebt. Etliche Leute verdienen dort heute viel besser, als ich es in meinem ganzen Leben tat. Aber ich wollte keinen Job, den ich nur über Beziehungen meines Vaters und nicht durch meine eigene Leistung bekommen hätte. Ich bewarb mich als Bergmann und wurde genommen. Sieben Monate dauerte die Vorbereitung auf die Reise nach Europa: Wir mussten etliche Tests bestehen, die Sprache und den Bergbau lernen.

Parks Militärregierung wollte, dass wir nach drei Jahren zurückkehren, um unser Wissen über den deutschen Bergbau in die Heimat zu bringen. Wir sollten so eine Art Entwicklungshelfer werden. In der Theorie schickte man deshalb auch nur echte Bergleute nach Deutschland. In der Praxis hatten die meisten Auserwählten noch nie eine Schüppe in der Hand gehalten. In einem Schnellkursus schickte man uns für ein paar Tage in koreanische Zechen. Wir haben alle zugesehen, dass wir da ganz schnell wieder rauskamen: Im echten koreanischen Bergbau arbeiteten nur Leute aus ungebildeten Schichten.

Die Männer, die mit mir nach Deutschland flogen, waren anders: gebildet, und vergleichsweise klein. Ich selbst war damals schlank wie eine Tanne. Gerade mal 60 Kilo brachte ich auf die Waage, bei einer Größe von 1,78 Meter. Aber wir waren in der Lage, uns durchzusetzen. Sonst hätten wir die drei harten Pflichtjahre niemals durchgestanden. Wir konnten unseren Fleiß und unsere Leistungsbereitschaft in die Waagschale werfen, gegen die Kraft der Kumpel aus dem Ruhrgebiet.

Vom Flughafen in Düsseldorf brachte uns ein Bus nach Oberhausen-Osterfeld. Von 1971 bis 1974 wurde ich auf Zeche Jacobi an der Bottroper Grenze eingesetzt. Harte Jahre. Zu Beginn war ich mit rund hundert anderen Bergleuten, überwiegend Koreanern, in einem Wohnheim untergebracht. Hier gab es keine Ruhe, wir waren zu viele Leute auf zu engem Raum. Bei der ersten Gelegenheit bin ich raus. Ich habe ein leeres Ladenlokal direkt gegenüber der Zeche in Bottrop angemietet. Früher war darin eine Metzgerei: Schwerer Steinboden, aus dem Abfluss kam dir alles immer wieder entgegen, Ratten liefen hin und her. Aber das war mir egal. Vor die großen Schaufenster hängte ich Bettlaken, damit niemand reinschauen konnte. Hauptsache, ich hatte meine Ruhe. Nach ein paar Monaten bin ich dann mit neun anderen Koreanern in ein kleines Zechenhaus gezogen, in ein anderes Viertel von Bottrop.

In den 1970er-Jahren war das Ruhrgebiet grau, es war dreckig und es roch nach Abgasen. Aber all das war nichts gegen das Leben unter Tage. Meine Augen tränten ständig. Manchmal vor Schmerz und Anstrengung, manchmal, weil mir der dreckige Schweiß in die Augen lief. Um die Schlepperei durchzuhalten, legte ich mir dicke Matten auf die Schultern, damit das Gewicht mich nicht in die Knie zwang. Oft dachte ich, jetzt geht es keinen Meter mehr vor oder zurück. Aber ich konnte nicht einfach alles fallenlassen, sondern musste weiter-, immer weiterarbeiten. In dieser Zeit hatte ich keinen Urlaub, kaum Freizeit und zu wenig Geld, um meine Familie zu besuchen.

Unsere Leute sind zu schwach für die harte Arbeit. Und doch habe ich während der ersten drei Jahre härter gearbeitet als mancher Kollege. Weil ich nebenbei zur Schule gehen wollte, meldete ich mich immer zur Nachtschicht, denn dafür gab es Zuschläge. Die Nachtschichten waren sehr beliebt. Ich musste also besonders nett zu den Kollegen in meinem Abschnitt sein und auch mal ein besonders hohes Pensum schieben. Ich musste mit ihnen klarkommen, durfte nicht faul sei, sonst hätte ich die begehrten Schichten nicht machen können. Drei Jahre lang habe ich die Zähne zusammengebissen. Ich wollte lernen, mich hocharbeiten und auswandern.

Warum ich immer noch hier bin und nicht bei meinem Bruder in Amerika lebe? Mein Freund ist schuld. Wenn ich mal frei hatte, gingen wir in den „Big Ben“, ein Tanzlokal in Osterfeld. Eines Abends hat er dort mit einer Frau getanzt, einer Deutschen. Er hat uns einander vorgestellt und wir sind ein Paar geworden. Fünf Tage bevor mein Vertrag auslief und ich nach Korea zurücksollte, heirateten wir. Glücklicherweise steht in Deutschland das

Familiengesetz vor dem Ausländergesetz. Wer eine Deutsche heiratet, darf bleiben – solange er kein Verbrecher ist. So wurde ich festgenagelt.

Anstatt die Welt zu sehen, zog ich in Bottrop von einem Stadtteil in den anderen. Heute bin ich stolz darauf, dass ich es bis in die nächste Stadt, nach Altenessen geschafft habe. Deutschland ist längst mein Zuhause. X1 Ich wohne hier seit 1981 mit deutschem Pass. Nach Korea wollte ich nie zurück. Das Korea meiner Kindheit gibt es nicht mehr. Alles hat sich verändert. Unsere Hütte am Stadtrand von Seoul ist weg. Ganz Seoul ist nicht mehr die Stadt, die ich kannte. Ich erkenne dort keinen Stein mehr wieder. Das Land ist mir fremd geworden.

Ich muss sagen: Auch in Deutschland blieb ich lange ein Fremder. Zwar hatte ich immer viele Kontakte zu den Deutschen. Im Tanzlokal, auf Schicht oder in der Kneipe. Aber wer ich war, davon hatte niemand eine Ahnung. Hunderte Male erlebte ich dieselbe Szene:

„Wo kommst du eigentlich her?"

„Korea", antwortete ich.

Schulterzucken. Korea kannte damals einfach keiner. Ich erklärte, dass Korea ein Land zwischen China und Japan ist. Die Leute taten dann meist so, als wüssten sie Bescheid. Aber richtig kapiert, dass ich weder Chineses noch Japaner bin, haben die Wenigsten. Für die meisten sahen wir Asiaten alle gleich aus. Wir mit unseren komischen Augen. Selbst unseren Kampfsport mussten wir anfangs als koreanisches Karate oder als koreanisches Kung-Fu verkaufen. Mit Taekwondo konnte keiner etwas anfangen. Aber wenn ich mal in meiner Stamm-Diskothek, dem „Studio B", gezeigt habe, was ich draufhabe – ich hatte den Sport schon 1963 beim Militär gelernt – stand allen der Mund auf: Wie macht der kleine Mann das bloß? Wir legten einen Kellerraum mit Matten aus und fingen an, die Bottroper zu trainieren. 1979 ist daraus ein richtiger Verein geworden, mit Vorstand und Mitgliederversammlung. Der Verein besteht heute noch.

Wir waren alle sehr stolz, als Taekwondo im Jahr 2000 in Sydney eine olympische Disziplin wurde. Ich selbst bin mit dem Sport in der Welt herumgekommen. Als internationaler Kampfrichter war ich in Brasilien und nächstes Jahr fahre ich nach Vietnam. Meine Kinder waren sogar deutsche

X1 Dies hat er zumindest zu 2014, wo dieses Buch erschie behauptet. 2017 an seinem Geburtstag haben wir heftig diskutiert über nen letzten Willen. Da ich in einem Punkt nicht einig war mit ihm, te ich ihm klar, dass er für mich an mir alles menschenmöglic

Meister. Meine Tochter lebt heute in Wien. Mein Sohn ist Bezirkskampfrichter. Was meine berufliche Laufbahn betrifft, besuchte ich nach der Maloche unter Tage eine Schweißerschule in Duisburg. Danach konnte ich in Schermbeck als Schweißer anfangen – die Stelle hatte gar nichts mit Bergbau zu tun. Das Schicksal aber wollte, dass ich dann wieder auf einer Zeche in Bottrop gelandet bin. Auf Prosper, als Schweißer unter Tage. Der Job gefiel mir, schließlich gibt es unter Tage nicht sonderlich viel zu schweißen. Ich habe über Tage geschweißt und die Teile dann in die Tiefe gebracht. Das ließ sich aushalten. Aber ich wollte noch mehr: Ich wollte eine bessere Ausbildung und mehr Geld verdienen. Also habe ich mich für eine weitere Umschulung beworben.

Bis sie bewilligt wurde, vergingen Ewigkeiten. Der Beamte muss den Antrag wohl in die unterste Schublade gelegt haben. Für die Umschulung zum Mess- und Regeltechniker habe ich bei der Ruhrkohle AG gekündigt. Das fiel mir nicht schwer, schließlich wollte ich ja weg vom Bergbau. Aber dann boten sie mir wieder einen Job auf der Zeche an, denn ich wurde Klassenbester bei der Umschulung. Und die Leute von der Ruhrkohle AG wollten nur die Besten. So bin ich dann schließlich auf der Zeche Zollverein gelandet, allerdings in der Kokerei, die dazugehörte. Ich zögerte: Sollte ich wirklich wieder in den Bergbau? Heute denke ich, dass ich eine gute Entscheidung getroffen habe: Wenn man früh in Rente gehen kann, ist der Bergbau doch eine feine Sache.

Das Kumpelhafte im Bergbau – das gibt es höchstens in der Kneipe. In Wahrheit herrscht unter Tage harter Konkurrenzkampf. Ich habe mich von Lohnklasse acht bis Lohnklasse elf hochgearbeitet. Auf Zollverein habe ich es in fünf Jahren zum Vorarbeiter geschafft. Das wird man nicht mal eben so. In unserer Gruppe waren 38 Mann: 36 Deutsche, ein Italiener und ich. Die Kollegen werden neidisch, wenn man an ihnen vorbeizieht. Sie haben sich über mich beschwert: „Wie kann das sein, dass der befördert wird, der spricht noch nicht einmal richtig Deutsch? Wieso ist der Vorarbeiter?“

Für mich sprach nur eins: meine Leistung. Am Ende bin ich sogar Elektrosteiger auf der Kokerei Prosper in Bottrop geworden, eine große Sache im Bergbau. Eine Art Abteilungsleiter. In unserer Abteilung gab es vier Bewerber für diesen Job. Ich habe ihn bekommen. Mir war immer wichtig, dass ich mich nie klein gemacht habe vor den anderen. Einmal warf mir mein Vorgesetzter

etan hat, um mich zu einen Menschen zu erziehen, der egal wie
ef erfällt, trotzdem immer sicher auf den Füßen landet, und dass
an der Zeit ist, an sich selbst und nicht an andere zu den-
en. 2019 ist er zurück nach Korea gezogen.

vor, dass ich angeblich Fehler beim Schweißen machte. Das konnte ich natürlich nicht auf mir sitzen lassen. Wer hatte denn die Schweißerausbildung? Er oder ich? Vor allen anderen Kollegen habe ich ihm gesagt: „Mach es doch selber, wenn du alles besser kannst!“ Da ist er ganz klein geworden.

Auch wenn mich meine Kollegen auf der Zeche fertigmachen wollten, habe ich mich gewehrt. Ich habe in den Pausen oft gelernt. Sie ärgerten mich. Einmal saß ich in einer ruhigen Ecke. Einer kam immer rüber und machte mich an. Die anderen lachten. Ich habe nach einem Schraubstock gegriffen. Ein dickes, schweres Teil aus Eisen. Ich schmiss es rüber vor ihre Füße. Da haben die Kollegen gestaut. Damit hatten sie nicht gerechnet. Die waren mit einem Mal mucksmäuschenstill. Ich musste immer ein bisschen besser sein als die anderen. Ich musste Stärke zeigen, immer.

Es ist doch so: Ohne Ellbogen wirst du nichts im Leben. Ohne Ellbogen bleibst du immer unten, unten im Loch.

Jin Kun Baek, Jahrgang 1947, kam in Seoul auf die Welt. Nach dem Koreakrieg suchte er seine Zukunft als junger Mann im Ruhrgebiet. Eigentlich wollte er weiter nach Amerika, blieb aber auf der Zeche.

Immer, wenn ich in dieser Geschichte nachlese (sie
stellt mir online zur Verfügung auf meinem Handy), auf w
viel Schweiß und Arbeit mein Leben aufgebaut ist, bin
erstmal ein bißchen traurig, denn im Gegensatz zu m
nem Vater habe ich (fast) keine Ausbildung, obwohl mir
gleichsweise alle Türen offen gestanden haben. Als ich zehn w
gen wir in das lang von meinem Vater ersehnte Eigenheim
der Grundschule schrieb ich beste Noten, so dass ich sogar a
dem Burggymnasium in Essen angenommen wurde - ein damal
altsprachiges Gymnasium mit Aufnahmebedingungen, da
ein Jahrgang für maximal 40 Schülerkapazität besaß. Die einzige
Ausbildung erwarb ich erst im Januar 2022. Eine Ber
kraftfahrerausbildung zu der mir leider der richtig
Führerschein fehlt.
Wir beide haben mal über Zufriedenheit gesp

nen. Ich kann Dir sagen, dass ich mit den Ausbildungen,
e ich auf dem Papier nachweisen kann alles andere als
frieden bin, wenn ich das große Spektrum an Berufen
trachte, die es so gibt. Denn es lässt sich gewiss
chter Geld verdienen, als ich das tue.
Dennoch verspüre ich keine Unzufriedenheit. Anfangs
mein Arbeiten in der Gastronomie eher aus einer Not ent-
anden, frei nach dem Motto: ich war jung und brauch
das Geld. Heute arbeite ich schon so lange in diesem
eruf, so dass mir nur noch wenige gelernte Restau-
ntfachkräfte wirklich etwas vormachen können. Oft
ebe ich, dass unser Restaurant ausgesucht ist, also gehe
davon aus, dass es eines der beliebtesten in Wuppertal
t.
für meinen Teil kann sagen, dass Zufriedenheit sich
ist davon abhängig macht, mit welcher inneren
ltung man den jeweiligen Dingen gegenüber
ritt.

Dein Unbe (mein Spitzname)

S.: Wenn mir mein Vater erzählt, dass er gerade zu Hause ein-
ehrt von seiner allmorgentlichen Fahrradtour, auf der er den Sonnen-
fgang überm Meer genießen konnte, freue ich mich für ihn
d weiss, dass der Streit es wert war. Manche Dinge wären
raufhin bei mir nicht passiert, deswegen kann ich heute sagen,
t dass es so gelaufen ist, obwohl mein Leben wesentlich
nfacher wäre, wenn wir nicht gestritten hätten.
er wenn es einfacher wäre, dann wäre es auch
cht mein Leben. 

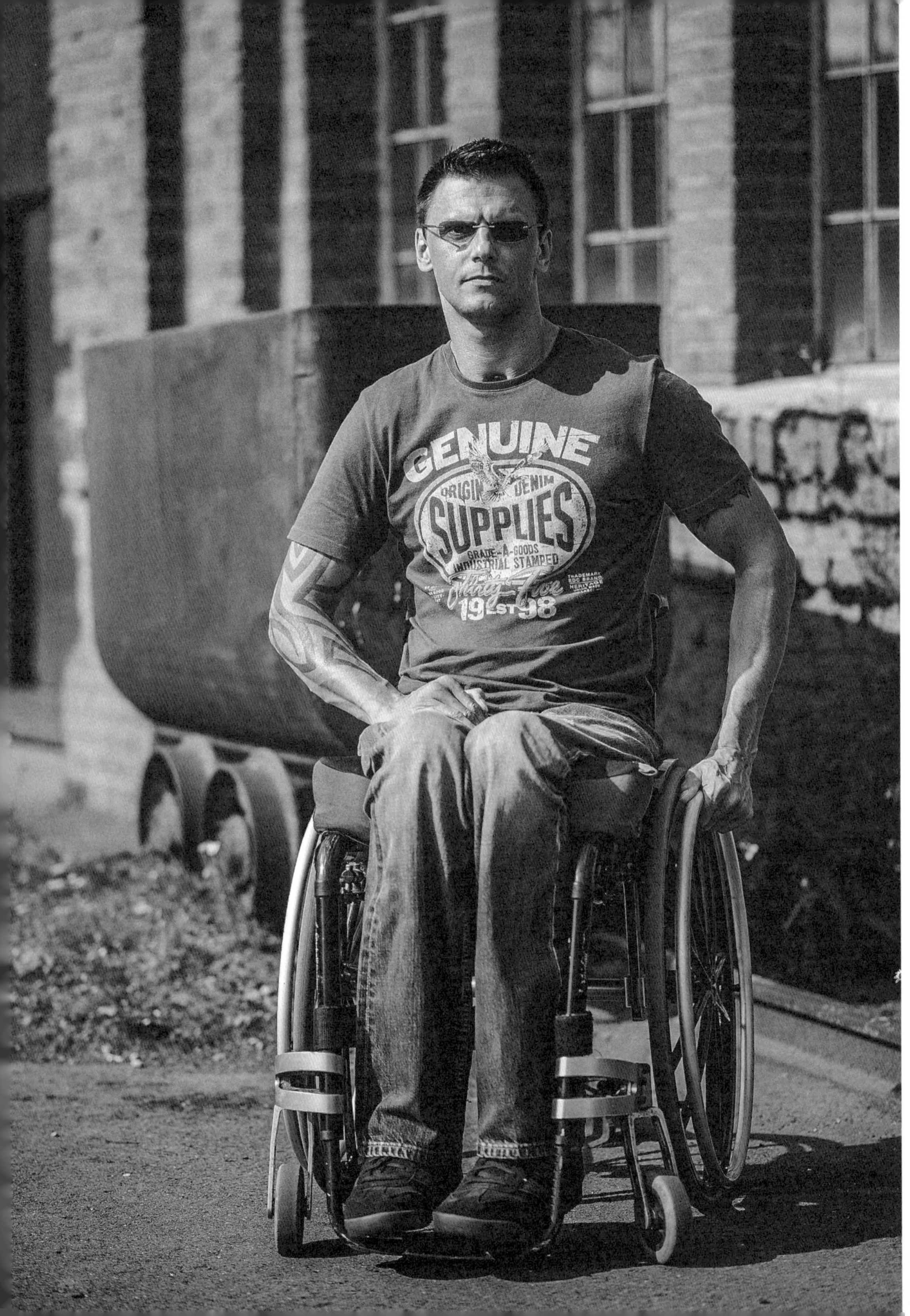
GENUINE
ORIGIN DENIM
SUPPLIES
GRADE-A-GOODS
INDUSTRIAL STAMPED
19 EST 98

Nach einem schweren Motorradunfall ist der Bergmann Markus Sniegocki querschnittsgelähmt. Doch aufgeben kann er nicht. Über den Sport findet er einen neuen Lebensinhalt, der ihn bis zu den Paralympics nach Sydney führt.

Ich kann mich gut an meine ersten Einsätze in der Grube erinnern. Im Schacht roch es modrig. Im Vortrieb[13] stand ich in der ersten Reihe, wo der Hobel an der Kohle entlangruckelt und direkt über mir der Berg. Ich war 16. Ich kann mich erinnern, wie der Berg über mir gearbeitet hat, ein Ziehen im Fels, ein Geräusch, das an brechende Balken erinnert. Ich dachte: Das kommt gleich alles runter, und ich werde begraben! Aber ich bin nicht weggerannt. Ich habe mich nur geduckt. Dann habe ich gesehen, dass die alten Haudegen ruhig blieben. „Okay", dachte ich, „du bist unter Tage, du musst dich an das Geräusch gewöhnen, wenn du durchhalten willst."

[13] **Vortrieb:** *Die Stelle im Flöz, an der die Kohle abgebaut, also „geschlagen" wird.*

Nach der Lehre arbeitete ich vor allem in der Werkstatt. Ich war Elektriker und musste Maschinen reparieren. Die Arbeit gefiel mir. Nette Kollegen waren da und die meisten Sachen konnte ich selbstständig erledigen. Nebenher bin ich Motorrad gefahren. Meinen Führerschein hatte ich noch bei der Bundeswehr gemacht. Und direkt nach meiner Wehrzeit kaufte ich mir eine Honda CBR 600 F, auch „Streetfighter" genannt. Zusammen mit den Kollegen bin ich durch das Ruhrgebiet und das Sauerland gefahren. Eine wirklich schöne Zeit. Leider konnte ich nie richtig große Touren machen, weil mir der Unfall dazwischengekommen ist. Als es passierte, hatte ich das Motorrad erst knapp drei Monate.

An den Unfall kann ich mich kaum erinnern. Ich weiß noch, dass wir durch Essen fuhren. Ein Kollege mit einer Enduro vorneweg, dann ich, dann ein zweiter Kollege mit einer Enduro hinterher. Wir wollten zum Baldeneysee, zu einem Motorradtreff. Leider sind wir dort nicht mehr angekommen. Wieso ich stürzte, weiß ich nicht. Wahrscheinlich hatte ich einen Blackout. Ein Motorrad fällt ja nicht einfach um. Wir waren etwa sechzig Stundenkilometer schnell. Normalerweise richtet sich ein Motorrad bei so einer Geschwindigkeit selbst auf und fährt und fährt. Ich glaube, ich bin kurz weggetreten, vom Sattel gerutscht und habe die Maschine mit runtergerissen. Die Kollegen haben den Sturz auch nicht gesehen. Der Mann vorne konnte nichts sehen und der Kollege hinter mir hat in dem Moment, als es passierte, auf den Tacho geguckt. Die Maschine ist auf mich draufgeknallt und ich bin zusammen mit ihr auf den Bordstein geschlagen. Ich war noch einige Zeit bei Bewusstsein. Ich konnte den Rettungskräften sagen, was mir wehtat. Ich habe sogar noch die Einverständniserklärung für meine Operation unterschrieben. Danach fehlt mir ein Monat. Koma.

Als ich wach wurde, dachte ich: „Da war doch was. Ja, ich hatte einen Unfall. Ich war jetzt wohl zwei Tage weg.“ Dann habe ich mich umgesehen. Überall Kabel und Elektroden. Aus meinem Hals ragte ein Schlauch, der an eine Beatmungsmaschine angeschlossen war. Ich konnte nicht reden, keine Luft kam an meine Stimmbänder. Ich konnte mich nicht bewegen. Die Arme hatten keine Kraft. Außerdem waren sie festgebunden, damit ich in Panik keine Kabel rausreiße.

Meine Wirbelsäule war in Höhe des Bauchnabels durchtrennt. Vom elften Brustwirbel an geht eine Verletzung diagonal durch die Knochen runter bis zum ersten Lendenwirbel. Vier Rippen waren gebrochen und hatten meine Lunge durchstoßen. Ein Lungenflügel war eingefallen. Ich war auf null. Ich konnte mich nicht verständlich machen. Ich konnte noch nicht mal eine Fernbedienung für den Fernseher bedienen. Die totale Abhängigkeit von fremden Leuten war grausam.

Ich war immer ein aktiver Mensch. Ich habe Sport geliebt, mich zu bewegen. Im Sommer sind wir rausgegangen und haben Tennis gespielt. Leichtathletik, Badminton oder Squash: Wir haben alles gemacht, was uns eingefallen ist. Basketball haben wir nur einmal in der Schule gespielt, aber das hat uns nicht richtig was gebracht. Später in der Berufsschule habe ich noch einmal Basketball ausprobiert, aber da hatte ich gleich ein mieses Erlebnis. Ein Druckpass ist mir so fest auf die Fingerspitzen geknallt, dass ich zusammengebrochen bin, weil mir richtig übel wurde. Drei Finger waren gestaucht. Danach war das Thema Basketball erst mal gelaufen.

Erst in der Reha in Bochum bin ich wieder zum Basketball gekommen. Ich saß im Rollstuhl und konnte nicht viel unternehmen. Aber die Betreuer haben mich rangenommen, sie wollten mich mobil machen. Sie riefen: „Komm her! Mach dieses, mach jenes.“ Beim Basketball kann jeder mitmachen. Ein Gruppensport, bei dem auch die Schwächeren integriert werden können. Am Anfang klappte es natürlich noch nicht, weil ich nicht fit war. Aber ich hatte Spaß am Sport, an der Bewegung. Und dann habe ich schnell ein bisschen Ehrgeiz entwickelt. Das, was die anderen konnten, wollte ich auch können. Wenn ich gut Basketball spielen wollte, musste ich lernen, mit dem Rollstuhl im Alltag klarzukommen. Nach ein, zwei Wochen hatte ich die ersten Grundlagen drauf.

Danach ging es steil bergauf. Du brauchst im Basketball ein gutes Gleichgewichtsgefühl, damit du nicht andauernd umkippst. Das Gefühl hilft dir dann auch im Alltag, Bordsteine hochzukommen.

Schon in der Reha gab es Kontakt zu einer Vereinsmannschaft, die in unserer Halle trainierte. Irgendwann kam jemand auf mich zu, der früher sogar mal Nationalspieler im Rollstuhlbasketball war. Der meinte: „Sieht gut aus, was du machst. Willst du mal in einer richtigen Mannschaft mittrainieren?" Klar wollte ich. Bei der BSG Duisburg habe ich richtig spielen gelernt. Wir waren eine gemischte Mannschaft: ein paar alte Herren, die schon mal in der Nationalmannschaft aufgetreten sind, und ein paar Jungspunde. Nach ein paar Jahren hatte ich so viel drauf, dass mich die Erste Mannschaft gefragt hat, ob ich nicht mit ihr trainieren will. Bundesliga, das war ein tolles Gefühl. Die Kollegen in der Ersten sagten dann auch, ich könnte vielleicht in der Nationalmannschaft landen, wenn ich weiter so schnell lerne. Das war ein Ansporn. „Okay", dachte ich, „gucken wir mal, was geht." Als ich noch Fußball gespielt habe, wäre nie einer zu mir gekommen und hätte gesagt, dass ich vielleicht mal in der Bundesliga oder sogar in die Nationalmannschaft spielen könnte. In der Kreisliga war ich ein mittelmäßiger Kicker.

Auf der Zeche arbeitete ich schon in der Sicherheitsabteilung. Ich muss die Kollegen zu den Schulungen einteilen und die entsprechenden Kurse buchen. Außerdem organisieren wir die Gesundheitschecks und informieren gegebenenfalls Reviersteiger über Einschränkungen, damit nicht jemand, der Kreislaufprobleme hat, in den heißen Betrieb unter Tage geschickt wird und dort zusammenklappt. Ich habe geregelte Arbeitszeiten und konnte damals meinen Trainingsplan gut mit meinen Schichten abgleichen. Es lief alles in den richtigen Bahnen. Ich war 26 Jahre alt.

Im Basketball habe ich als Center-Spieler unterm Korb angefangen. Ich bin gut 1,90 Meter groß. Richtige Center sind natürlich noch größer, aber ich hatte ein gutes Gefühl für das Gleichgewicht, das ist wichtig. Als Center sitzt du im Stuhl auf einem hohen Kissen, damit du möglichst viel Größe gewinnst und Körbe legen kannst. Wenn du nicht balancierst, kippst du um. Normalerweise spielen deswegen keine Querschnittsgelähmten auf dieser Position, sondern Leute mit einer wesentlich geringeren Behinderung, also Menschen mit

Amputationen oder Fußgänger, die irgendwelche anderen Probleme haben, kaputte Knie oder sonst was. Sich gegen diese Spieler zu behaupten, das war schwer. Die haben im Sitzen ihre volle Stabilität. Je nach Art der Behinderung wird klassifiziert. Insgesamt dürfen 14,5 Punkte auf dem Platz sein. Ich war mit meiner Lähmung ab dem 11. Brustwirbel ein Zweipunktespieler. Leute die noch höher gelähmt sind, haben nur einen Punkt. Leute mit Polio-Lähmungen haben in der Regel 3 oder 3,5 Punkte, weil sie zwar Einschränkungen in den Beinen haben, aber im Oberkörper komplett stabil sind. Ein Fußgänger, der kaputte Knie hat, kommt auf 4,5 Punkte.

In der Bundesliga habe ich dann andere Positionen gespielt. Dazu saß ich in einem niedrigeren Rollstuhl ganz tief, mit einer weitaus höheren Stabilität. Ich konnte jetzt schneller fahren und viel wendiger mit dem Ball arbeiten. Irgendwann war ich so weit, dass ich als Querschnittsgelähmter fahrerisch so stark war wie ein 3,5-Punkte-Spieler. Das konnten nicht viele von sich sagen. Ich war sicher einer der ganz wenigen oder sogar der Erste in Deutschland, der das draufhatte. Ich habe mich immer darauf konzentriert, mich mit den Leuten zu messen, die ein wenig besser waren als ich. Wenn zum Beispiel ein Polio-Gelähmter auf einem Turnier ein bisschen schneller war, dann war der Mann mein Ansporn. Der konnte aufstehen und ein paar Schritte laufen, der hatte ein gutes Gleichgewicht. Aber ich hatte mehr Ehrgeiz. Und wenn ich den Mann gekriegt habe, dann habe ich mir den nächsten gesucht, an dem ich mich orientiert habe. Das waren nie Leute, die in meinem Punktebereich gespielt haben.

Basketball wurde für mich zum Leistungssport. Ich bin mit der Ersten Mannschaft an jedem Wochenende quer durch Deutschland gefahren. Von Hamburg nach München oder Zwickau. In der Saisonvorbereitung haben wir dreimal die Woche trainiert oder ganze Wochenenden durchgespielt. Als es mit der Nominierung für die Nationalmannschaft tatsächlich ernst wurde, habe ich noch eine Schüppe draufgelegt und allein Zusatzeinheiten geschoben: Konditionstraining rund um den Heidesee in Bottrop. Oder ich bin irgendwo auf einen öffentlichen Platz gegangen, Hauptsache, da hing ein Basketballkorb, und habe geschossen, was das Zeug hielt.

Und dann kam der ersehnte Brief des Bundestrainers. Er lud mich zu einem Sichtungslehrgang nach Münster ein. Da haben wir drei Tage geknüppelt.

Es war das erste Mal seit Jahren, dass ich wieder Blasen an den Fingern vom Fahren hatte. Nach dem Lehrgang durfte ich wiederkommen. Und schließlich sagte der Bundestrainer: „Du bist im Kader." Ich durfte 1999 mit zur Europameisterschaft ins holländische Roermond. Wir wurden sensationell Zweiter hinter Frankreich. Aber das Beste am Triumph in Holland war: Mit der Vizemeisterschaft waren wir automatisch für die Olympiade im Jahr 2000 in Sydney qualifiziert. Die großen Weltspiele in Australien! Das erste Mal, dass die Paralympics eine richtig große Rolle im Sport spielten. Und wir Basketballer sollten dabei sein.

In Holland konnte ich zeigen, was ich draufhabe. Eigentlich war ich nur als Ersatz für unseren Spielmacher gedacht. Aber ich habe meine Einsätze bekommen und Erfolg gehabt. Ich habe das Spiel vorangetrieben oder bin selbst in die Zone eingefahren und habe auch gegen große Centerspieler meine Körbe gemacht. Ich habe mich so weit aus meinem Sitz gelehnt, dass ich immer noch irgendwo über jeden drüberschießen konnte. Ich glaube, das war ziemlich einzigartig, was ich da gemacht habe. Direkt nach dem Turnier hat mir der Trainer deshalb gesagt, dass ich mitfahren werde nach Australien. Berauschend.

Der Flug nach Sydney mit Zwischenstopp in Singapur war lang, wir sind fast 24 Stunden geflogen. Mit meiner Größe von 1,90 Meter war es eng, ich stieß ständig mit den Knien gegen den Vordersitz. Die Kollegen, die über zwei Meter groß waren, hatten noch mehr Pech. Rollstuhlfahrer dürfen ja nicht an den Notausgängen sitzen, wo die Fußgänger ihre Knochen strecken können. Gegen Mittag setzte die Maschine zum Landeanflug an, die Sonne strahlte, blauer Himmel. Zuerst habe ich nur das Meer gesehen, dann sind wir über Land geflogen. Ich konnte den Hafen erkennen und die Siedlungen von Sydney. Allerdings sind mir besonders die Sachen im Gedächtnis hängen geblieben, mit denen wir uns rumschlagen mussten. Es hat lange gedauert, bis wir Rollstuhlfahrer einzeln aus dem Flieger gekarrt wurden. Ständig mussten wir warten: bei den Kontrollen, beim Zoll, beim Spezialgepäck. Keiner wusste Bescheid. Dann suchten wir unser Gepäck, die Stühle. Ist noch alles heil? Es passiert nicht selten, dass bei einem Rollstuhltransport der Rahmen bricht. Wir suchten unsere Betreuer und den Bus. Mit uns kamen hunderte Sportler aus vielen Ländern und tausende Touristen an.

Unsere Mannschaft wurde samt Betreuer in einem zweistöckigen Haus untergebracht: Die Fußgänger und die Betreuer oben, die Rollstuhlfahrer unten. Kein Luxus, aber schön. Ich teilte mir mit einem Kollegen ein Doppelzimmer. Gegessen haben wir meist in der Diners Hall, eine Riesenmensa, in der rund um die Uhr Buffets aufgebaut waren. Es gab alles: deutsches Essen, mexikanisches Essen, chinesisches Essen, arabisches Essen. Jede Nation bekam landestypisches Essen. Nur Alkohol gab es nicht. Den mussten wir uns woanders besorgen. Die meiste Zeit verbrachten wir im Dorf. Nur zum Training kamen wir raus. Die Basketball-Halle: genial. Ich kannte so etwas nur aus dem Fernsehen, aus den Übertragungen der National Basketball Association, der amerikanischen Profi-Basketballliga.

Als wir das erste Mal von oben, von den Zuschauerrängen, auf den Platz sahen, staunte ich mit offenem Mund. Eine Riesenhalle mit einem monströsen Anzeige-Würfel in der Mitte. Kein Vergleich zu den Turnhallen, in denen wir üblicherweise spielten. Selbst die Umkleidekabinen waren gigantisch. Ein kleiner Vorraum, ein Flur und dann die eigentliche Kabine, die so groß war wie meine Wohnung. Jeder hatte seinen Platz. Hinten ein Kühlschrank mit Getränken, überall Fernseher, auf denen man das Geschehen in der Halle verfolgen konnte. Wir zogen uns um, während ein anderes Spiel noch lief. Wir sind auf den Warm-up-Court gerollt, um uns einzuwerfen. Und dann konnten wir rein in die Arena. Du kommst in die Halle und da sitzen 20.000 Leute und warten auf dich.

Ich dachte: „Okay, das hat was."

Obwohl das Gefühl während der Eröffnungsfeier noch wesentlich stärker war. Du stehst ewig in dieser Schlange der Nationen, bis endlich deine Mannschaft dran ist und einlaufen darf. Du gehst durch die Katakomben, hörst zum ersten Mal die 100.000 Menschen feiern. Zuerst noch leise. Dann betrittst du das Stadion. Es ist schon fast dunkel. Und die Massen schreien, brüllen, toben, ein Riesenfest. Ein unbeschreiblicher Jubel. Und du stehst auf der Bahn, gehst mit deiner Mannschaft in die Runde. Unbeschreiblich. Ich hatte ein Grinsen auf dem Gesicht, als wäre es festgenagelt. Eine Gänsehaut überzog meinen ganzen Körper. Ein Gefühl, das ich nie vergessen werde, so grandios. Ich wollte alles in mich aufsaugen. Alles. Jede Sekunde. Ich dachte, ich habe alles richtig gemacht. Allein für diesen Moment, dort einzulaufen und das erleben zu dürfen. Ein weiter Weg für einen gelähmten Bergmann aus Bottrop.

Leider haben wir bei unseren Spielen nicht so gut abgeschnitten. Sechzehn Mannschaften waren in den Vorrunden in Gruppen mit jeweils vier Mannschaften aufgeteilt. Wir haben eine schwere Gruppe erwischt, unter anderem mit Holland und Australien: zwei Titelfavoriten. Gegen Holland verloren wir knapp. Australien hatte den Heimvorteil und neben den USA und Kanada die größten und besten Spieler. Aber wir kämpften und lagen nach dem ersten Viertel mit drei Punkten vorne. Die Halle wurde immer ruhiger. Wir, die krassen Außenseiter, haben geführt. Zur Halbzeit neun Punkte Vorsprung für uns. In der Halle war es totenstill. Im dritten Viertel hielten wir unseren Vorsprung, doch gegen Ende kamen die Australier wieder ran. Sie haben das Spiel mit drei Punkten knapp gewonnen. Pech. Aber wir ärgerten uns nicht. Wir haben ein gutes Spiel abgeliefert und es eng gestaltet. Wir sind erhobenen Hauptes ausgeschieden.

Die Kollegen auf der Zeche waren durchweg begeistert. Fast alle haben sich mit mir gefreut. Nur ganz wenige Leute neideten mir den Trip nach Olympia. Nicht wegen der sportlichen Seite, aber weil ich überhaupt nach Australien fahren durfte. Damals habe ich das nicht sofort erkannt, aber so war es wohl. Zur Weltmeisterschaft 2002 durfte ich nicht mehr mit. Die Leitung in der Sicherheitsabteilung hatte gewechselt und mein neuer Chef erklärte: „Nein, du wirst nicht mehr freigestellt für die Nationalmannschaft." Nichts half, gar nichts. Der Manager der Nationalmannschaft schrieb einen Brief und bat meinen Chef wenigstens um ein Gespräch. Der aber blockte jedes Wort ab: „Nein, der Mann wird nicht freigestellt, basta, da brauchen wir gar nicht drüber zu reden." Ihm hat schlicht nicht gefallen, wie oft ich gefehlt habe. Ein wenig spielt auch meine gesundheitliche Situation eine Rolle. Ich musste kurz vor der Absage meines Chefs in ein Krankenhaus, Routineuntersuchung. Eigentlich sollte ich nur eine Woche weg sein, so war es ausgemacht. Aber dann fing ich mir in der Klinik einen Keim ein und musste zwei Wochen im Krankenhaus bleiben. Das habe ich nicht gewollt, aber mein Chef nahm mir die zwei Wochen Fehlzeit richtig übel. Das war so ein Bundeswehrmensch, der war früher Zeitsoldat und hat auf seiner Meinung bestanden. Egal, was das für Konsequenzen hat. Was er tat, war immer richtig – und fertig.

Damit war meine Karriere in der Nationalmannschaft beendet. Ich konnte nicht mehr an der Vorbereitung teilnehmen, konnte nicht mehr zu den Turnieren, konnte nicht zu den Lehrgängen. Ich habe von mir aus gesagt: Ich lass es sein. Basketball hätte ich nur noch ein paar Jahre auf hohem Niveau spielen können, mit meinem Chef auf der Zeche musste ich länger aushalten. Hätte ich mich beim Betriebsrat oder anderen Vorgesetzten beschwert, wäre mir die Arschkarte auf Dauer sicher gewesen. So trifft man halt seine Entscheidungen. Es gibt Menschen auf der Zeche, für die zählt nur der Betrieb.

Mit dem Sport habe ich trotz des abrupten Endes meiner Basketballkarriere nicht aufgehört. Seit einiger Zeit sitze ich in meinem Rollstuhl und überlege mir, was passiert, wenn mich einer überfällt oder blöd anmacht, so wie Rollstuhlfahrer eben manchmal angegangen werden. Eine Zeit lang habe ich nur Krafttraining für meine Arme gemacht. Ein Schlag wäre die leichteste Lösung, dachte ich. Auf meine Kraft kann ich mich immer verlassen. Durch einen Freund habe ich nun die israelische Selbstverteidigungstechnik Krav Maga kennengelernt. Dabei nutzt man die Energie der Angreifer und lenkt sie durch natürliche, instinktive Bewegungen in neue Bahnen. Man setzt Hebel und Griffe, die den Gegner zur Aufgabe zwingen. Ich habe es ausprobiert, es funktioniert auch im Rollstuhl. Ich möchte diese Kraft nutzen. Mein Ziel ist es, Krav Maga zu lernen und das Wissen darum weiterzugeben. Ich will Krav-Maga-Instruktor werden. Als erster Rollstuhlfahrer in Deutschland, vielleicht der erste in Europa. Mein nächstes Ziel.

Markus Sniegocki, Jahrgang 1971, machte eine Ausbildung als Elektriker auf der Zeche. Etliche Leute aus seiner Familie hatten zuvor auf der Grube gearbeitet. Nach seinem Unfall arbeitet er weiter auf der Zeche, in der Sicherheitsabteilung, wo er sich um die Gesundheitschecks der Kumpel unter Tage kümmert.

PRINT
PALACE

Als Kind einer Bergmannsfamilie landete Thomas Such früh auf dem Pütt. Seine Art von Musik ließ den Tanten an der heimischen Kaffeetafel den Eierlikör aus der Hand gleiten. Aber dann kam der Erfolg: Als Sänger der Band „Sodom" ging Such sogar mit dem legendären Lemmy Kilmister auf Tournee.

Als wir in der Düsseldorfer Philipshalle auf die Bühne kamen, wussten wir: Wir haben es geschafft. Wir, die Band „Sodom“, waren mit „Motörhead“ auf Tour, 1993 war das. Was für ein Gefühl: Die dunkle Halle, wir drei Mann auf der riesigen Bühne und tausende Menschen vor uns. Wir waren laut, wir waren schnell, wir waren hart und Tausende standen auf unsere Musik. Vor ein paar Jahren noch unter Tage, Sohle neun. Nun mit Lemmy Kilmister auf Reisen.

Durch meinen Onkel, einen Steiger, kam ich auf die Zeche. Ich wollte eigentlich Verkäufer werden, war aber knapp dran mit irgendwelchen Bewerbungsfristen. Mein Onkel sagte bloß: „Der Junge muss auf den Pütt, da gibt es Geld.“

Er nahm mich also mit zum Ausbildungsleiter. Der sagte: „Alles klar, der Junge kann anfangen. Schlosser, Elektriker oder Bergmann?“ Ich sagte: „Vor Strom hab' ich Angst.“ Ich entschied mich dann für den Beruf des Maschinenschlossers. Mein Zeugnis mit Realschulabschluss wollte eh keiner sehen. Mein Opa war auf dem Pütt, mein Vater war auf dem Pütt, mein Onkel war auf dem Pütt. Alle waren auf dem Pütt. Diese Tradition durfte ich doch nicht brechen. Zwei Tage später stand ich in der Werkstatt.

Ich kann mich noch an meine erste Schicht erinnern: Wir waren alle ganz schwarz und stolz. Wir dachten: Jetzt sind wir richtige Bergleute. Obwohl wir nur gescheppt haben. Einmal, als wir gerade unter einem Förderband gescheppt haben, kam mein Onkel vorbei. Er war der Reviersteiger und sagte zu meinem Lehrsteiger: „Hol mir mal den Thomas, ich will dem den Streb zeigen.“ Mit dem Onkel im Streb? Das war cool.

Direkt nach der Lehre wurden wir auf die Reviere verteilt. Ich arbeitete im Schichtdienst, wobei die beste Schicht um 18 Uhr anfing. Zuerst hatten wir immer Wechselschicht. Das war anstrengend, der Wechsel von Früh-, zu Mittag- und Spätschicht. Aber als ich auf die neunte Sohle verlegt wurde, bekam ich nur noch die 18-Uhr-Schicht zugeteilt. Da konnte man die Sonne tagsüber auch mal sehen. Außerdem konnte man früher raus, wenn man wusste, wie.

Es dauerte ziemlich lange, bis wir auf der Sohle neun waren. Dort kommt die Kohle von den Fördersohlen an, die dann über einen Schacht über Tage gefördert wird. In der Sohle war es extrem heiß und extrem staubig, allein wegen dieser kilometerlangen Gummibänder, über die die Kohle ratterte.

Zu meiner Zeit hatten wir auf Sohle neun oftmals recht früh unsere Ruhe. Keine Aufsicht. Manchmal sind wir dann schon etwas eher mit der Maschinenförderung, also mit der Kohle, raus aus der Grube. Natürlich war das verboten. Aber die Fördermaschinisten bestachen wir mit einer Pulle Schnaps. Wir verdrückten uns dann in die Kaue – und Prost. Ganz ehrlich: Ich habe noch nie so viel gesoffen wie auf der Zeche: Bei der Bundeswehr nicht und bei der Musik auch nicht. Meine Frau ist überzeugt: Ich kam jeden Tag angeschickert nach Hause. Ich kann mich an eine Frühschicht erinnern, da waren wir um ein Uhr Mittags in der Kaue und fingen an zu picheln, wie man bei uns im Pott sagt. Und zwar bis zum nächsten Morgen. Wir haben eine Pyramide aus den leeren Bierbüchsen gebaut, die uns der Kauenwärter verkauft hat. Der hatte übrigens eine satte Gewinnspanne. Das Bier kostete beim Aldi 49 Pfennig, uns hat er die Dose für eine Mark verkauft. Egal: Hauptsache, das Pils war kalt. Ich glaube, das alles ist heute undenkbar.

Zur Musik kam ich schon Anfang der 1980er-Jahre. Im Schloss Horst gab es die Disco „Mephisto". Unser Ding, Hardrock, die ganze Szene aus dem Ruhrgebiet traf sich dort. Ich machte mit ein paar Kumpels eine Band auf. Direkt nach der Schicht probten wir. Egal, ob ich von der Arbeit müde und erschöpft war, ich fuhr in den Proberaum nach Altenessen, zweimal in der Woche. Wir machten schnelle, harte Musik. Unser Stil ging in die Richtung der damaligen Metall-Bands – nur noch schlimmer. Wir nannten das „Black Metal" oder „Witching Metal". Wir waren beeinflusst von „Slayer", „Venom" und ähnlichen Bands und, klar, wir waren riesige „Motörhead"-Fans. Wir haben uns an unseren Idolen orientiert, auch wenn wir nicht genau so klingen wollten wie die Giganten. Wir haben das „Black Metal"-Ding so richtig ausgelebt; im Proberaum hingen Kreuze und irgendwer hat tatsächlich ein Pentagramm aus Holz gebaut, mit Kerzenhaltern für eine schwarze Messe.

Unseren ersten Auftritt hatten wir 1984, in Frankfurt. Wir waren grauenhaft, absolut grauenhaft. „Venom" gab eine Autogrammstunde und dann hat noch „Tankard" in dem Set gespielt, Kollegen von uns. Wir wurden dazwischengepresst. Chaos pur. Ich hatte mir das Lampenfieber weggesoffen. Als ich auf die Bühne kam, bin ich direkt hingeknallt. Ich weiß gar nicht mehr, was wir gespielt haben. Unsere Stücke gingen ständig durcheinander, und trotzdem hat sich die bizarre Nummer gelohnt. Ein Typ von einer Plattenfirma war vor Ort. Der sagte: „Die Band ist so Kacke, die müssen wir machen." Und so bekamen wir unseren ersten Plattenvertrag nach dem ersten Konzert. Was im Plattenvertrag drinstand, war uns egal. Wir hatten einen dicken Packen Papier, vorne stand „Vertrag" drauf, das war die Hauptsache. Wir haben unterschrieben und konnten unsere erste Platte aufnehmen. Vorher gab es von uns nur zwei Kassetten, unsere Demo-Tapes. Schlecht abgemischte Musik, die eher als Krach durchging.

Früher kam sonntags regelmäßig mein Opa zu Besuch, zusammen mit meinen Tanten und Onkels. Zuerst gab es Mittagessen. Alles in der Wohnung roch nach Schweinebraten. Dann Kaffee und Kuchen. Die Frauen schenkten sich Eierlikör ein, und die Brüder meines Vaters teilten sich eine Pulle „Zinn 40". Irgendwann sagte einer an der Kaffeetafel: „Ja, der Thomas, der hat ja jetzt eine Kassette gemacht." Kurze Pause. „Spiel die doch mal vor, Thomas." Die versammelte Verwandtschaft starrte mich an und wartete gespannt, dass ich meinem Vater unser erstes Demo-Tape gebe, um es ins Kassettendeck seiner guten Anlage zu stecken.

Ich meine, was wir für Musik gemacht haben, war selbst für Metal-Fans schockierend. Überhaupt nicht genießbar, selbst für unsere Kreise nicht. Das war so schlimm, so grausam, dass man eigentlich nur schnell weglaufen wollte. Als mein Vater das Demo einlegte, bin ich also so flott wie möglich raus. Ich konnte das nicht ertragen. Unsere Kaffeerunde war gründlich bedient. Richtig lange Gesichter. Nur meine Oma hat fröhlich gesagt: „Jetzt lasst den Jungen doch."

Niemand glaubte daran, dass wir uns irgendwo durchsetzen würden. Mein Vater schon mal gar nicht. Mein Vater ist auch daran zerbrochen, als ich später auf der Zeche aufgehört habe. Das hat der überhaupt nicht gerne gesehen. Die Aufnahmen für unsere erste Platte waren die nächste Katastrophe. Wir waren dazu überhaupt nicht in der Lage. Wir konnten nur Krach machen. Und plötzlich standen wir in einem Studio, mit 24 Spuren, und sollten unsere Instrumente einzeln aufnehmen. Der Produzent kiffte pausenlos: „Jaaa, mach mal so ..." Niemand wusste, was los war. Eigentlich sollten wir eine ganze LP aufnehmen. Aber als einer von der Plattenfirma ins Studio kam, hat er in die Aufnahmen reingehört und gesagt: „Ach du Scheiße. Was ist das denn? Wie viele Stücke habt ihr jetzt gemacht? Fünf. Gut, das reicht. Dann schließen wir hier ab."

Damals war es durchaus üblich, dass man erst mal eine Mini-LP oder EP veröffentlicht, um zu testen, wie eine Band ankommt. Dafür reichten unsere fünf Stücke aus. Die EP wurde veröffentlicht und schlug ein. Die Fans waren begeistert und die Plattenfirma erkannte, das wir was anderes, was Neues machten. Von da an ging es aufwärts. Bis zur Tour mit Motörhead. Ich arbeitete damals immer noch auf dem Pütt, und es wurde immer schwieriger, Musik und Maloche unter einen Hut zu bringen. Ich hatte ständig Probleme mit der Obrigkeit, mit meinem Steiger, mit meinem Fahrsteiger, mit meinem Obersteiger.

Als wir ein paar Jahre später unsere erste Tournee spielten, wurde es richtig schwierig. Einige Lücken konnte ich mit Krankenscheinen überbrücken. Wir hatten einen Arzt im Viertel, der eigentlich nur fragte: „Wie lange willst du haben?" Ich dann: „Vier Wochen." Das hieß Sehnenscheidenentzündung. Ich kannte auch einen Orthopäden, der mich oft krankschrieb. Dem habe ich kleine Abbau-Hämmerchen und Öllampen mitgebracht, die wir auf dem Pütt bastelten. Der sammelte das kitschige Zeug, als Gegenleistung für meine Krankenscheine, mit denen ich dann auf Tour ging.

Ich hatte aber auch einen verständnisvollen Personalchef. Von ihm bekam ich unbezahlten Urlaub. Als Gegenleistung musste ich den Sekretärinnen Autogrammkarten und T-Shirts mitbringen. Das Ende kam, als der Personalchef wechselte. Ich wurde zum Betriebsführer bestellt, wo schon mein Reviersteiger wartete. Ich trug ein „Sodom"-T-Shirt. Die hohen Herren sagten, dass es so nicht weitergeht. Sie sagten: „Entscheide dich – Zeche oder Musik." Darauf sagte ich: Alles klar, macht die Papiere fertig. Zwei Tage später hatte ich schon meine Laufschicht, konnte Klamotten abgeben, den Sack, die Wäsche, den Lohnstreifen. Ich kam raus aus der Zeche. Im Nachblick war ich natürlich ziemlich doof: Ich hätte auch noch eine Abfindung mitnehmen können. Mir war aber das Geld egal. Ich war frei für die Musik.

Die ersten Tage danach fühlten sich unglaublich an. Ich bin immer noch wach geworden, um zur Frühschicht zu gehen. Dann habe ich mich um halb fünf auf den Balkon gestellt und zugesehen, wie die Kollegen vorbeikamen, auf dem Weg zur Zeche. Die ganze Straße. Die Kumpels haben dann gerufen: „Ey, komm runter."

Ich habe zurückgerufen: „Verpisst euch, ich bleib zu Hause, ich brauch nicht mehr."

Das war schon ein schönes Gefühl, wenn man sich morgens wieder hinlegen kann. Zehn Jahre war ich auf der Zeche.

Mit der Musik ging es dann richtig ab. Wir hatten mittlerweile unser drittes Album auf dem Markt. Mir blieb keine Zeit mehr, über irgendetwas anderes nachzudenken. Proben, Studio oder Tour. Im polnischen Katowice spielten wir vor 15.000 Leuten, 1990 waren wir eine der ersten westlichen Metal-Bands, die in Bulgarien auftrat, in einem Stadion vor 25.000 Fans. Das sind Augenblicke, die vergisst man einfach nicht. Danach folgten Griechenland, Mexiko, Südamerika.

Wir hatten irgendetwas, das andere Bands nicht hatten. Ich glaube, wenn du hier im Ruhrgebiet aufwächst und ein Leben unter Tage gelebt hast, deine Kindheit hier verbringst und deine Jugend, dann machst du andere Musik, als wenn du in der Bay Area in den USA groß wirst. Ich glaube, Bands, die hierherkommen, klingen anders. „Venom" klingen auch hart, die stammen aus Newcastle, auch dort aus der Arbeiterklasse. Wir haben keine Balladen gemacht, wie die Schnulzenrocker von „Metallica". Unsere Musik klang immer so wie Schrämwalzen[14] unter Tage. Für uns war wichtig, dass es Krach macht, dass es nicht ganz so schief klingt und dass Gesang dabei ist.

[14] **Schrämwalzen:** *mit Meißeln bestückte Eisenwalzen, die Kohle aus dem Flöz brechen.*

Wir haben eine Band gegründet, als wir noch gar nicht wussten, wer was spielt. Ich bin zum Bass gekommen, weil ich nicht Schlagzeug spielen konnte. Mein erstes Instrument habe ich in Gelsenkirchen-Buer gekauft, in einem kleinen Musikgeschäft, das Oma Sonntag hieß. Der Bass kostete 300 Mark. Ich habe mir das Geld zusammengespart und bin ich mit dem Mofa zu Oma Sonntag gefahren. Woran ich nicht gedacht hatte: Wie kriege ich den Bass nach Hause? Oma Sonntag wusste wie: Sie hat mir den Bass mit Gaffer-Tape rund um den Oberkörper, über Jacke und T-Shirt geklebt. So bin ich dann nach Hause getuckert. Mein erster Bass. Spielen habe ich mir einfach selbst beigebracht. Musikschule? Wir haben ausprobiert, wie das klingt. Heute werden Kinder gefördert. Mein Vater hat gesagt: „Musikunterricht? Ich trete dir in den Arsch."

Besonders spannend war unsere Tour mit Motörhead. Der Sänger Lemmy Kilmister ist für uns eine Lichtgestalt, ein Star. Leider kann man den kaum verstehen. Der hat einen Slang drauf, dass man nur etwa jedes sechste Wort versteht. Außerdem kannst du mit ihm nicht richtig über Musik reden, nur „Small Talk". Musik interessiert Lemmy nicht. Dafür interessiert er sich für Militaria, also Zeugs aus dem Krieg. Über dieses Thema habe ich einmal engeren Kontakt zu ihm bekommen. Mein Kumpel Alex sammelt auch Kriegsmaterial. Bei dem habe ich einen Helm aus dem Zweiten Weltkrieg besorgt, den ich Lemmy mitbrachte. An dem Stück hatte der Kilmister richtig Spaß und er lud mich in seinen Tourbus ein, wo wir ein wenig plauderten. Schließlich schrieb er einen Zettel: Er wollte einen SS-Dolch, 1935, aus der Brigade Soundso. Lemmy hat mir genau aufgeschrieben, was er wollte. Ich habe den Zettel Alex gegeben, der das Ding tatsächlich organisierte. Ich brachte Lemmy also einen SS-Dolch. Was soll ich sagen: Da geht dem Mann das Herz auf.

Ansonsten ist Lemmy distanziert. Der quatscht nicht rum, hängt nicht mit den anderen ab und gibt auch nicht einfach Autogramme. Aber mit Lemmy auf Tour zu sein, ist riesengroß. Der hat seinen eigenen Backstage-Raum, nicht mit der Band zusammen. In dem Raum hängt immer ein Spielautomat. Davor steht immer ein Tablett mit einer halben Stange Marlboro, einem Tütchen Speed, synthetisch – der nimmt ja kein Koks – eine Pulle Jack Daniels und etliche Cola-Büchsen. Wenn Lemmy nicht auf der Bühne ist, steht der stundenlang mit der Kippe vor dem Spielautomaten. Für uns war er eine Art stummer Gott.

Die Motörhead-Gitarristen haben sich an unserem Merchandising-Stand sogar einmal ein Sodom-Shirt gekauft. Dann haben sie die Ärmel abgeschnitten, wie das damals üblich war, und trugen während der nächsten Motörhead-Show unsere Shirts. Weißt du, wie stolz wir waren? Lemmy hatte natürlich kein Sodom-Shirt an. Lemmy trägt immer schwarze Hemden. Aber egal. Leider geht es Lemmy mittlerweile nicht mehr so gut. Er hat jetzt einen Herz-Defibrillator bekommen. Der Mann ist ja mittlerweile auch 67. Es ist schon ein Wunder, dass er überhaupt noch lebt.

Für mich selbst ist dieses Rock-'n'-Roll-Business nie das Wichtigste in meinem Leben gewesen, obwohl es einen großen Teil eingenommen hat. Andere Sachen waren mir genauso wichtig. Mein Freundeskreis, meine Familie, meine

Heimat, mein Jagdrevier und meine Sammelleidenschaft etwa. Schon auf der Zeche haben sich die Kollegen umeinander gekümmert. Das gab auch mir eine gewisse Geborgenheit. In unserer Siedlung ist das zum Glück heute noch so. Diese Geborgenheit fehlt mir, wenn ich auf Tour bin und viele Wochen in einem Bus hocke. Ich fühle mich dann wie im Knast, eingeschlossen, ich kann nicht machen, was ich will. Das ist bei mir anders als bei vielen Rockstars. Der Lemmy hat nie was anderes erlebt. Der hat nichts anderes gehabt. Der hat eine kleine Wohnung in Los Angeles für seine Sammlung. Und das war es dann aber auch.

Ich komme aus dem Ruhrgebiet. Ich werde hier nie wegziehen. Falls ich mal Hartz IV kriegen sollte, dann penne ich einfach hier unter einer Brücke. Ich brauche das ganze Zechenleben.

Ich gehöre hier hin. Das ist meine Welt.

Thomas Such, Jahrgang 1963, alias Tom Angelripper, ist Sänger und Bassist der Thrash-Metal-Band „Sodom". Er hat mit 16 als Bergmann angefangen und sein unter Tage verdientes Geld in die Musik gesteckt. Such wohnt in Gelsenkirchen.

Die Arbeit unter Tage ist hart und gefährlich und kann schnell vorbei sein. Nach einem schweren Unfall und einer chronischen Erkrankung war für Paul Degen schon mit 43 Jahren Schluss. Was dahintersteckte, fand man erst viel später heraus.

Als ich im Bergbau anfing, haben wir jeden Krümel Kohle aus dem Berg gekratzt. Auf den Knien, im Liegen und mit dem Presslufthammer in der Hand. Mehr als zehn Jahre lang habe ich in den engen Flözen malocht. 1952 kam ich zum Bergbau, mit zwanzig Jahren. Ich selbst bin in Bottrop geboren, meine ganze Familie kommt hierher. Wir waren fünf Kinder in meiner Familie. Mein Vater war Kommunist. Deswegen wurden wir 1938 aus dem Ruhrgebiet ausgewiesen und mussten ins Lipperland, in ein Dorf im Nirgendwo. Meinen Vater wollten sie wohl nicht einsperren, weil ja irgendeiner für uns fünf Kinder arbeiten musste. 1939 haben sie meinen Vater aber sofort eingezogen, damit er für Deutschland kämpft. Da war ich sieben Jahre alt. Ich habe ihn erst 1949 wiedergesehen.

Zunächst lernte ich in Bielefeld Schlosser in den Fahrradwerken Göricke, doch der Fahrradindustrie ging es schlecht. Auch zu Hause lief es nicht gut, als mein Vater aus dem Krieg zurückkam. Ich habe ihn bis dahin ja kaum gesehen, bin quasi vaterlos aufgewachsen, war mein eigener Herr, hatte das Sagen. Meine Mutter ging als „Kötterin“ – so nannte man die kleinen Selbstversorgerbauern – halbtags arbeiten, um uns durchzubringen. Ich passte zu Hause auf meine Geschwister auf. Und plötzlich stand mein Vater wieder in der Tür und wollte mir zeigen, wo es langging. Das hat nicht funktioniert. Klar ist das traurig, aber es war eben so. Das waren die Folgen des Krieges. Familien lebten sich auseinander, Familien wurden zerstört.

Als dann meine Verwandten aus Bottrop sagten: „Junge, komm doch ins Revier! Wir sind hier alle auf dem Pütt, da geht es richtig zur Sache“, konnte ich nicht lange Nein sagen. Zunächst habe ich in einem Ledigenheim gewohnt, wie es sie früher überall auf der Zeche gab. Für mich war schnell klar: Da will ich raus. Erst recht, nachdem ich meine Frau kennenlernte. Ich habe mir ein Zimmer besorgt und bald darauf geheiratet. Leider ist meine Frau 2012 gestorben, sonst hätten wir im Oktober 2013 Diamanten-Hochzeit feiern können.

Ich habe unter Bottrop Kohle gemacht, unter dem Marien-Hospital, bis nach Osterfeld rüber und in die Rheinbabengebiete. Es gab nicht nur die flachen Kriechflöze, wir hatten auch Strebe von zwei Meter Mächtigkeit, reine Kohle ohne Störungen. Ich fing als Schlepper an. Ein bisschen Handreichungen machen, Holz nach vorne tragen, Material besorgen, ich half eben, wo ich konnte.

Das lief so einige Monate, bis mich der Ortsälteste zum Ausbau einteilte. Die eingekerbten Holzstempel wurden jeden halben Meter gegen das Gebirge gesetzt, einen Kappen drauf und festgeklopft, dass sich der Stempel nicht mehr bewegen konnte. Dann kamen die Kumpel und haben die nächsten achtzig Zentimeter Kohle mit dem Presslufthammer rausgehauen. Wenn die durch waren, schlugen wir die Kappen von den Stempeln weg und legten die Stempel um, damit der Berg runterkommen konnte.

Eines Tages kam der Markscheider zu mir, er sagte: „Ich hab' dich zum Hauer-Lehrgang angemeldet."

„Ja, das mach ich", habe ich geantwortet.

So wurde ich Hauer[15]. Zehn Jahre war ich dann in der Kohle oder im Streckenvortrieb tätig. Am Ende war ich Rutschmann, das ist der Vorarbeiter im Streb. Ich hatte knapp 25 bis 30 Leute unter mir und musste dafür sorgen, dass das Holz kam, wenn die Leute das Holz brauchten, dass jeder kaputte Schlauch geflickt wurde und der Ausbau insgesamt zügig vorankam. Als Rutschmann musste ich keine Kohle mehr hauen. Aber, um ehrlich zu sein, das war ein Scheißjob. Wenn die Jungs keine Lust mehr hatten, sind sie einfach aus dem Schacht rausgefahren und ich stand da. Und ich musste die kleinen Kohlereste alleine raushauen, denn zur Nachtschicht hatte alles frei zu sein.

15 *Hauer:* gelernter Bergmann mit Facharbeiterprüfung.

Das war die Zeit vor dem Schildausbau. Da haben eigentlich nur Holzstempel das Gebirge getragen. Solange die Stempel und Balken knackten, war alles in Ordnung. Wenn nichts knackte, bedeutete das nichts Gutes. Dann war irgendwas am Kommen, dann hat sich der ganz Bruch bewegt. Im „Alten Mann", also hinter dem Ausbau, bricht der Streb langsam herunter, wenn die Stempel weggenommen sind. Schiefer, restliche Kohle, Schmergel[16] und das ganze Zeug kommt nach und nach. Bricht der Kram nicht langsam ab, kommt die darüberliegende Sandsteinplatte runter, die eigentlich stabil ist. Und wenn die anfängt zu bröckeln, dann kann man nur noch rufen: „Jungs, wir gehen jetzt raus!" Dann setzt sich irgendwann der ganze Bau ab und knallt in einem Stück runter.

16 *Schmergel:* eine Art Gestein.

Wir haben deswegen immer versucht, den „Alten Mann" klein zu halten. Wenn der nicht von alleine zusammenfiel, bis zur Bruchkante am Ausbau, dann bohrten wir und schossen Sprengstoff in das Gebirge. Denn es war nicht nur gefährlich, wenn zu viel auf einmal runterstürzte. War der „Alte Mann" zu groß, ging auch die Luft im unnützen Raum verloren. Wir bekamen dann vorne im Ausbau über dreißig Grad Hitze und schwitzten wie die Tiere. Dazu hat sich der Staub in die Nase gesetzt. Man bekam kaum Luft. Erst eine Prise Schnupftabak hat die Löcher wieder freigeblasen. Das war Scheißmaloche. Aber die Kameradschaft von uns Zechenkindern war einmalig. Bis zum Zeitpunkt, als der Schildausbau begann. Da wurde nur noch über Sachen und über Leichen gefahren.

Mit Einführung des Schildausbaus zählten nur noch die Meter Kohle, die man geschafft hat. Davor, zur Zeit des Holzausbaus, haben wir uns gegenseitig geholfen. Wenn der eine mal ein bisschen schwach war, hat der andere mit angepackt, so lange, bis alle fertig waren. Dann haben wir zusammen in den Füllorten gesessen und Dönekes erzählt, bis wir nach sieben Stunden rausfahren durften. Mit dem Schildausbau begann die Zeit der Einzelgänger und die Kameradschaft zählte nicht mehr viel. Der Streb musste nun so und so viele Meter fortschreiten. Auch vorher hatte es immer wieder Unfälle gegeben, das ist klar. Aber mit der Einführung des Schildes kam es zu vielen schweren Unfällen, weil ohne Rücksicht auf Verluste Kohle gefördert wurde. Weil zu viel Tempo gemacht wurde. Ich habe mit eigenen Augen zwei tödliche Unfälle miterlebt. Und erlitt 1969 selbst einen schweren Unfall, der durch andere Leute verursacht wurde.

Die Schrämwalzen, die Kohle aus dem Flöz brachen, liefen damals auf dem Panzer. Das sind die Aufsatzbleche, die dafür sorgen sollen, dass die Kohle nicht irgendwo hinfällt, wo sie nicht hinfallen soll. Am Panzer befestigt waren Führungsrohre, in denen Ketten liefen, welche die Walzen zogen. Damals wurde bis drei Uhr nachts Kohle gefördert und die nächste Schicht war um 6 Uhr schon wieder dran. Die Schlosser mussten in den wenigen Stunden zwischen Ende der Förderung und Beginn der Frühschicht die Reparaturen erledigen. Am Tag meines Unfalls hatten die Schlosser einen Aufsatz am Führungsrohr nicht richtig verschraubt. Als ich dann die Walze anfuhr, drückte die Maschine diesen Aufsatz hoch. Ich wollte die Maschine noch abschalten, doch in diesem Moment knallte es schon, und das Blech schoss durch den Streb. Mein Oberkiefer wurde abgerissen, meine Zähne rausgeschlagen und mein Unterkiefer zweimal gebrochen. Ich lag acht Wochen lang in der Kieferklinik von Bochum-Langendreer.

Immerhin habe ich überlebt.

Die Ärzte haben eigentlich alles wieder gut hingekriegt. Nur wenn ich viel spreche oder viel lache, knackt es im Kiefer. Nach zehn Wochen war ich wieder in der Grube. Ich habe leichte Arbeit bekommen, musste eigentlich nur aufpassen, dass sich auf den Bändern nichts festsetzte. Nachher wurde mir das zu langweilig, und ich fuhr wieder die Walze. Doch dann machte mein Körper plötzlich schlapp. Ich nahm in kurzer Zeit dreißig Kilo ab. Keiner fand eine Ursache. Die Ärzte der Kieferklinik sagten: „Der Mann hat keine Probleme, alles in Ordnung." Ich bin von einem Krankenhaus ins nächste verwiesen worden, doch keiner fand die Ursache, keiner konnte mir helfen. Ich habe dann mit unserem Knappschaftsältesten darüber gesprochen, wie ich eine Berufsunfähigkeit bescheinigt bekomme, damit ich wenigstens etwas zum Leben habe. Ich musste dann wieder zu Untersuchungen. Schließlich kam unser Knappschaftsältester und sagte: „Hömma Paul, die haben deine Berufsunfähigkeitsrente abgelehnt. Sie bieten dir eine Erwerbsunfähigkeitsrente an." Das war ein Schlag für mich. Ich hatte auf der Zeche gutes Geld verdient, fuhr in manchen Monaten zweiunddreißig Schichten, die alle ausbezahlt wurden. Und dann sagten die mir kurz und knapp, dass ich kaputt und am Ende war. Mit damals dreiundvierzig Jahren. Meine Kinder waren gerade 13 und 17 Jahre alt.

Einige Ärzte spekulierten, mein Leiden könnte durch den Schlag bei dem Unfall ausgelöst worden sein. Vielleicht waren Hirnzellen abgestorben? Aber dem wahren Problem ging niemand auf den Grund. Und dann haben sie mich „kaputt" geschrieben. Ich habe lange dran zu knacken gehabt. Ich konnte nicht mehr laufen, so schwach fühlte ich mich, richtig gelähmt. Und ich habe seither nie mehr gearbeitet. Schließlich half mir meine Hausärztin. Sie gab mir Vitaminspritzen und andere Medikamente, teures Zeug, aber von der Knappschaft hat keiner gemeckert. Ich sagte mir schließlich: „Jetzt lass dich nicht hängen, du bist noch jung." Auch die Nachbarn in unserer Siedlung halfen. Das waren ja alles Bergleute. Die haben meine Frau und mich in der harten Zeit sehr unterstützt.

Als ich schließlich mein Leiden einigermaßen überwunden hatte, engagierte ich mich ehrenamtlich in unserer Gemeinde, und das kam so: Als ich noch unter Tage war, wurde uns ein Kerl aus Wien zugeteilt. Der Steiger meinte nur: „Passt mal einer auf den Kerl auf, das ist ein Student." Wir haben uns nichts dabei gedacht, bis mein eigener Junge, der Messdiener war, mir irgendwann sagte: „Papa, wir haben einen Pater, der arbeitet unter Tage." Ein Pater auf der Zeche? Wie? Da hatten wir nichts von gehört. Wir fluchten und malochten da unten, auch oberkörperfrei. Das war doch nichts für einen Pater! Und dann stellt sich raus: Der Pater war unser Student. Der hat genauso geschuftet wie wir alle. Wir freundeten uns an. Nach meiner Heilung habe ich ihm geholfen, im Kirchenvorstand, im Gemeinderat. Er hatte mir auch geholfen, als ich krank war. Der Pater Markus Steindl ist vor einiger Zeit gestorben. Ein guter Mensch. Er wollte immer Arbeiterpriester sein. Eigentlich sollte er ja bei Köln in einem großen Kloster leben, aber er ist immer wieder heimlich ausgebüchst und nach Bottrop gefahren, um auf der Zeche zu arbeiten. Und nachher wurde er unser Pastor.

Mehr als zwanzig Jahre lang war ich im Kirchenvorstand, bis ich 81 Jahre alt war. Der Pater hat mir auch noch den Katholischen Arbeiterbund (KAB) aufgedrückt, zweiundzwanzig Jahre lang war ich Vorsitzender bei uns. Leider mussten wir vor zwei Jahren Schluss machen, weil wir keine Leute mehr hatten – die sind alle weggestorben. Früher zählten wir mal hundertvierzig Mitglieder.

Ich hatte eigentlich immer was an den Bronchien. Damals musste ich dreimal im Jahr zur Staubuntersuchung, und einmal im Jahr zu einer Spezialuntersuchung nach Bochum. Regelmäßig bekam ich eine rote Makelnummer, was bedeutete, dass ich eigentlich nur in staubfreien oder staubarmen Betrieben arbeiten durfte. Staubfrei? Staubarm? Wo ich malocht habe, hat es gestaubt, und zwar richtig. Wir haben gesagt: „Arsch lecken." Weiter, weiter.

Als vor ein paar Jahren ein Gesetz verabschiedet wurde, nach dem alle Bergleute, die vor 1990 unter Tage geschafft haben, zu einer Staubuntersuchung gehen sollten, habe ich mich angemeldet. Dabei haben die Ärzte festgestellt, dass ich fast dreißig Jahre nach meiner letzten Schicht eine Staublunge habe. Ich schaffe nur noch vierzig Prozent Atemleistung. Da kann man sehen, wie lange die mich beschissen haben. Ja, so ist das. In der Bescheinigung steht drin, dass ich keine Ansprüche auf rückwirkende Leistungen habe. Nur meine Rente wurde um ein paar Euro angehoben. Und alle Medikamente, die ich für meine Lunge brauche, bekomme ich umsonst. Außerdem darf ich jedes Jahr einmal kostenlos zur Kur fahren. Das hätten die mir auch vor dreißig Jahren sagen können.

War es rückblickend trotzdem richtig, in die Zeche zu gehen? Es war eine gute Entscheidung, nicht Fahrradschlosser in Bielefeld zu bleiben. Alles, was ich mit meiner Frau im Leben erreicht habe, haben wir durch den Bergbau erreicht. Dafür bin ich dankbar.

Paul Degen, Jahrgang 1932, war eigentlich raus aus dem Pott, die Familie verschlug es im Krieg nach Ostwestfalen. Doch als junger Mann lockte ihn die Bottroper Geburtsstadt auf die Zeche. Als es damit mit einem Mal vorbei war, engagierte sich Degen in der Katholischen Arbeiterbewegung.

2018
ENDE

L8JsV95

Wir von Ankerherz legen Wert auf hochwertige Bücher und lieben es, edles Papier und Leinen in den Händen zu halten. Wir möchten aber auch, dass Sie unsere Geschichten am Strand oder im Flugzeug auf Ihrem Reader genießen können. Deshalb unser Service für Sie - das kostenlose Ebook. Mit diesem Code können Sie sich die Geschichten ganz bequem herunterladen.

Viel Vergnügen!